平凡社新書
989

シニア鉄道旅の魅力

二人旅から妄想テツ旅まで

野田隆
NODA TAKASHI

HEIBONSHA

シニア鉄道旅の魅力●目次

まえがき

平凡社新書の前作『シニア鉄道旅のすすめ』では、JR東日本が発売している「大人の休日倶楽部パス」をはじめ、シニア向けのおトクなきっぷをいくつも取り上げた。さらに、ゆったりと旅を楽しめる観光列車の数々を紹介し、その最高峰ともいえる豪華列車についても若干触れてみた。バラエティに富んだ内容だと自負しているけれど、基本は一人旅であった。

しかし、ある程度の年齢になってくると、夫婦での旅や気の置けない友達や仲間との旅もよい思い出となってくる。

そこで本書では、最初に、1人ではないシニア世代向けの鉄道旅のすすめを提案してみた。その一つが、旧国鉄時代から続いている「フルムーン夫婦グリーンパス」である。

ただし、本文の冒頭にも触れている通り、夫婦の年齢の合計が88歳以上なので、決してシニア限定ではなく、40代後半のカップルでも堂々と使ってよいきっぷだ。しかも夫婦での「大人の鉄道旅」としては、リッチでありながらお得感のあるきっぷでもある。

では、どんな旅ができるのか、夫婦合計で130歳の私たちの体験談を序章でレポートした。すべてグリーン車利用と聞くと、庶民には縁のない贅沢旅行と決めつけてしまう人がシニア世代にもいるだろう。

ところが、先入観というのは恐ろしいもので、少なくとも金額面では、贅沢どころか実にリーズナブルなものだった。それも決して朝から晩まで列車を乗りつぶしたマニアックな旅ではない。充分に各地で観光し、ゆっくりと食事を楽しめるシニアならではの優雅な旅のスタイルだったのだ。

これなら、独りよがりになることなく、妻も充分に満足してくれたのではと思う。もっとも、この旅は、あくまでも1例であるので、これをヒントにオリジナルな旅を工夫してみてはいかがだろうか。

また前作では、大人向けの観光列車をずいぶんと取り上げたが、決してすべての列車を網羅したものではなかった。その後、新たに乗った列車の中から、妻と乗車した「雪月花」および大勢で参加した近鉄の団体列車「楽」の旅を追体験していただければと思う。

鉄道の楽しみというのは、列車に乗ることだけではない。乗り降りする駅も、わざわざ訪問し、じっくりと見学する価値のある場所だと思う。これまで利用した数多くの駅の中から、個性的な建物、印象に残った駅の数々を北から南までピックアップしてみた。特色ある駅のミニ図鑑ともいえる一つの章である。

近年、流行りの廃線跡をめぐる散策は、旅やウォーキングの楽しみ方の一つとして広く受け入れられている。場所によっては、ワイルドな危険と隣り合わせの冒険となることもあろう。しかし、本書では、初心者にも安心して楽しめるハードルの高くない廃線跡をいくつも取り上げた。とりわけ、都市の中の廃線跡は、昔を懐かしみながらの街歩きとして、コアな鉄道ファンでなくても、むしろ少しだけ鉄道に関心があるといったシニア層にこそ受け入れられるのではないだろうか。

ところで、このところのコロナ禍で、旅をするのがすっかり気軽ではなくなってしまった。とくに重症化リスクの高いシニア層では、旅は当分避けたいと思っている人もいるだろう。そんなとき、古い時刻表を引っ張り出して追憶に耽りながらの紙上旅行、妄想旅行で過去の旅を思い出してみてはどうだろうか。最初は抵抗がある人もいるであろうが、いざ始めてみると意外に楽しいものである。

妄想といえば、列車旅が出てくる小説を読みながら、時代設定に合わせて旅を追体験するのも一興である。時刻表の旅は、鉄道趣味の一ジャンルとしても確立している。コロナ禍に限らず、諸般の事情により旅ができない場合の趣味として意外に重宝すると思う。


鉄道の楽しみ方は、旅のみならず、奥が深いものだ。ヒント程度ではあるものの、模型やコレクションといった魔力が充満しているジャンルも取り上げた。しかし、新たな趣味の扉を開けると、時間やお金がいくらあっても足りないといった事態になったり、退屈しのぎに始めたはずの趣味がその後の生きがいとなることもある。

シニア世代で、日々の生活に何か物足りなさを感じている人は、本書をきっかけに新たな鉄道の楽しみ方を見つけることができるかもしれない。

なお、本文中の列車ダイヤは、過去のものや乗車記録をのぞけば、2021年8月現在のものである。その後の改正には対応していないので、注意していただきたい。

序章　熟年夫婦のフルムーンパスの旅

お得なフルムーンパス

「フルムーン夫婦グリーンパス」（通称「フルムーンパス」）というシニア夫婦向けの、お得でゆったりとした鉄道旅ができるきっぷがある。

このきっぷの歴史は古く、国鉄時代の1981（昭和56）年に発売が開始された。その頃、俳優の上原謙（当時72歳）と高峰三枝子（当時63歳）が演じる夫婦が温泉に浸かった、なかなかに妖艶なシーンのCMがテレビに映し出された。そして、「忘れえぬ、あのときめき／旅に出ませんか？　ご夫婦で／7日間7万5000円／お好きなところへ、グリーン車で／第二のハネムーン、フルムーン旅行」というナレーションも流れた。

この2人の男女が旅するイメージのためか、フルムーン旅行といえば、高齢夫婦の鉄道旅という強い印象ができあがったようだ。

けれども、フルムーンパスを購入できる資格は、2人の年齢の合計が88歳以上となっていて、44歳同士のカップルでも利用可能だ。意外に若い人でも旅ができるわけで、高齢者専用ではない。熟年カップル、中年カップルでも使えるのだ。

ちなみに、1998（平成10）年、JRになってからのCMでは、上原謙の息子である加山雄三とその妻の松本めぐみがCMのモデルで登場している。当時、加山雄三は61歳、松本めぐみは51歳だったので、このカップルの方が現在のフルムーンパスのイメージに近いのかもしれない。

年齢に関して極端なことをいえば、男性60歳、女性28歳でもよいので、結婚していれば年齢制限があるわけではない。もっといえば、夫婦といっても婚姻届けを出している必要はない。きっぷ購入時に戸籍謄本などの提示は必要ないので、事実婚や男女別姓、内縁関係でも購入できるのである。

7日間では長すぎると感じる人も少なからずいるようなので、現在（2021年9月）では、5日間＝8万4

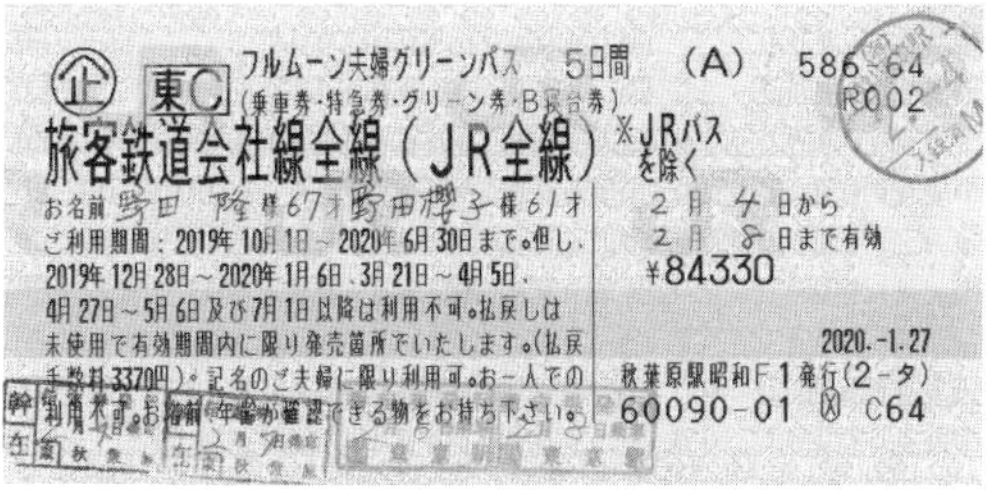

フルムーン夫婦グリーンパス

330円、7日間＝10万4650円、12日間＝13万3200円の三種類がある（すべて2人分）。また、2人のうちどちらかが70歳以上であれば、シルバー用の料金が適用されるので、それぞれ5000円安くなる。

このように書くと、ずいぶん高額なきっぷだなあ、と思う人も出てくるだろう。けれども、たとえば東京駅から東海道・山陽新幹線に乗って広島駅まで「のぞみ」普通車指定席に乗ると、1人運賃と指定券合わせて1万9440円（通常期）かかるので、2人で往復すると7万7760円と8万円近くかかってしまう。

5日間乗り放題であることを考えると、高額どころか意外に割安であることがわかるであろう。ただし、フルムーンパスはグリーン車乗り放題といっても例外があり、東海道・山陽新幹線を走る「のぞみ」と山陽・九州新幹線を走る「みずほ」には普通車自由席であろうと一切乗れない。この新幹線ルートに関しては、「ひかり」「こだま」「さくら」「つばめ」に乗るしかないのだ。

そこで、東京駅から岡山駅まで「ひかり」のグリーン車で往復するとどうなるか。この場合は、片道1人2万3200円（通常期）かかり、2人で9万2800円となるから、5日間用のフルムーンパスを利用すれば、これだけで元が取れるどころか8470円もおトクになってしまう。10パーセント近い割引きっぷととらえることもできる。岡山駅から山陰方面や、瀬戸大橋を渡って四国を旅すれば、さらにおトクなきっぷとして有益であろう。

ところで、フルムーンパスは一年を通して使えるわけではない。利用期間は毎年10月1日から翌年の6月30日（発売は9月1日から5月31日）まで、となっていて、7月から9月までの夏季シーズンは使えない。さらに、夏以外でも、年末年始、学校の春休み期間（3月下旬から4月上旬まで）、加えてゴールデンウィークの期間（4月下旬から5月上旬）は使えない。

以上のことを知った上で、購入するかどうかを決めていただきたい。

どこで購入すればいいか

では、フルムーンパスはどのようにして購入するのか。最近は、「大人の休日倶楽部パス」や青春18きっぷなど、多くの切符は券売機で購入可能だ。駅の窓口が混雑していて長蛇の列ができている場合でも、指定券の券売機は空いていることがある。しかし、フルムーンパスは窓口でしか発売していない。それは、利用者の年齢や身分を確認するためでもある。

まずは、窓口の係員にフルムーンパスを購入する旨を伝える。そうすると、購入申込書が渡される。住所、氏名（必ず2名連記）、そして2人の年齢を記入しなければならない。年齢を証明するものとしては、運転免許証や保険証で充分である。私が購入したときは、1人で出かけたので妻の証明書は持参していなかった。ただし、JR東日本の「大人の休日倶楽部」会員で2人分の指定券を一緒に取るときに使う「会員証（代理購入証明書）」を2人分持っていたので、それを提出した。

係員は、それを持って席をはずし、奥の部屋で確認をとったようだ。会員番号と氏名から個人情報をチェックしたようで、しばらくして「確認がとれました」といって会員証を返却して無事発券してくれた。ついでに、すでに決めていた列車の指定券も取ってくれたのである。なお、指定券は後日購入しても構わないけれど、満席になるような列車であれば、早めに押さえておいた方がいいだろう。乗り放題きっぷであるから、期間内であれば指定券の枚数制限はなく、追加料金も不要である。

ところで、フルムーンパスのきっぷは、通常の指定券よりも横長のサイズ、ちょうど青春18きっぷと同じ大きさである。ということは自動改札機を通ることはできない。また、2人で1枚しかないので、2人バラバラに改札口を通ることもできない。あくまでも一緒に行動することが前提だ。途中で別行動をとることは無理なのである。ただし、それは列車利用のときであって、改札口を出てしまえば、翌日列車に乗るまでは、別行動をとろうが、別の宿に泊まろうが、それはフルムーンパスの関知するところではない。

まずは東京から京都へ向かう

私と妻がフルムーンパスを使って旅した5日間の行程を、具体的に紹介しよう。東京発、西日本・九州をめぐる旅である。最初に乗るのは東海道新幹線「ひかり」のグリーン車だ。

自宅からは地下鉄に乗ったので、フルムーンパスの使い始めは東京駅である。八重洲口から入り、JR東海の有人改札を通ったけれど、きっぷのチェックをしただけで、身分証明書などの提示は求められなかった。年齢合計88歳以上の男女であることは、パッと見てわかったのであろう。フルムーンパスを購入するときに個人情報はチェックしたであろうという前提で、細かいことは問わなかったのかもしれない。

「ひかり」の車両は「のぞみ」と同じN700系。停車駅が異なる以外、グリーン車の座席が異なるわけではない。乗務員によるおしぼりサービスもあるし、車内販売もある。車内では、きっぷのチェックは一切なかった。

「ひかり」の停車駅は、列車によって何通りかのバリエーションがある。乗車した列車は、新横浜駅に続いて小田原駅に停まったあとは名古屋駅まではノンストップだった。ここまでは、後続の「のぞみ」に抜かれないので、「ひかり」であることのデメリットはそれほど感じない。

ただし、名古屋駅を発車すると、岐阜羽島駅、米原駅と各駅に停まり、それぞれ3分、8分と停車し、すぐには発車しないで、後発の「のぞみ」3本に抜かれてし

「ひかり」グリーン車

N700系のグリーン車座席

京都ではJR奈良線に乗車

まった。まあ、急ぐ旅ではないし、グリーン車内は空いていて、のんびりしていたので快適そのものだった。富士山は厚い雲に遮られて見えなかったけれど、浜名湖の水辺の車窓や伊吹山の麗姿は堪能できた。京都駅までは、2時間38分かかり、「のぞみ」よりも23分多くかかったけれど、この程度であれば、許容範囲ではないだろうか。

京都駅で下車。駅前のホテルはチェックインできる時間前だったので、荷物だけ預け、お昼を食べて観光に出かけた。妻と相談の結果、インスタ映えのする千本鳥居で、近年とみに人気がある伏見稲荷大社と宇治の平等院を訪問することにした。どちらも

伏見稲荷大社の千本鳥居

JR奈良線の沿線だったので、フルムーンパスが使えた。

宇治駅で帰りの電車を待っていたら、ホームにはフルムーンパスの宣伝ポスターが貼ってあった。旅行期間中、フルムーンパスのポスターを見かけたのは、この駅だけだった。京都駅の手前の東福寺駅で京阪電車に乗り換える。私鉄はもちろんフルムーンパスは使えないが、いつも携帯しているICカード乗車券Ｓｕｉｃａが利用できるので便利だ。祇園四条駅で降りて、予約してあった料亭で豪華な夕食をとり、1日目を終えた。

2日目は、5日間の中では、一番長時間列車に乗る日だ。まずは、京都駅から岡山行き「ひかり」のグリーン車に乗る。九州まで行くので、新大阪駅発の「さくら」に乗り継ぐことになるが、新大阪駅ではなく、新神戸駅で乗り換えた。

その理由は、新大阪駅での乗り換えは同じホームでの平面移動ができないからである。「さくら」は、専用ホームから発車するのだが、独立したホームなので、東海道新幹線からの乗り継ぎは、必ずエレベータやエスカレータで移動しなければならない。

一方、新神戸駅は、ホームが上下1本ずつしかないので、降りたホームで待っていれば、後続の列車へはホームの移動なしに乗り換えできるので、大きな荷物を持っているときには助かる。しかも、指定券発券時に係員が気を利かせてくれたようで、降りた場所から1歩も移動することなく、その場所が後続の「さくら」のグリーン車に乗車できる位置だった。

「さくら」グリーン車は６号車の半分

「さくら」グリーン車の座席

「ひかり」にはグリーン車が3両あるので、停止位置によっては50メートルから70メートルくらい移動することもある。それゆえ、この座席指定は極めて便利だった。なお、「さくら」のグリーン車は、下り列車の場合は、6号車の後ろ半分と決まっている。東海道新幹線のグリーン車3両に対して1両の半分、席にすれば24席と少ない。列車自体も東海道新幹線の16両に対し、8両と半分だが、グリーン席が少ないのは、それほど利用者が多くはないからだろう。しかし、乗車した列車は、ほぼ満席状態。「ひかり」のようなゆったりした気分は味わえなかった。

その後、岡山で外国人グループが10人近く下車し、広島でも日本人の乗客がかなり降りていった。新山口を出てからトイレに立ったときに確認すると、私たち以外にグリーン車に乗っている人は1人だけ。団体客が乗らないのであれば、半室で充分なのかもしれない。

「さくら」の車内販売は、会社がＪＲ西日本ということもあって、東海道新幹線の車内販売とは雰囲気もメニューも異なる。鹿児島中央駅まで直通するので、ＪＲ九

「さくら」車内でのおやつ

州とタイアップしているようだ。配布されたリーフレットを見てみると、九州のご当地メニューが目立つ。試しに、みなまた（水俣）紅茶とハローキティりんごどら焼きを注文したら、ハローキティ新幹線のシールをサービスで配ってくれた。大人向きではないけれど、嬉しかった。

長い新関門トンネルを抜けると九州に上陸。小倉駅に停車すると、17分で博多駅到着だ。列車を降りると、入れ替わりにかなり乗り込む人がいた。博多駅と鹿児島中央駅の間だけグリーン車を利用する人が少なからずいるようである。あまりにガラガラだと先行きが心配になるので、ちょっと安

「ゆふいんの森５号」と同形式の車両を使っている「ゆふいんの森２号」

心した。

博多で、昼食にとんこつラーメンを食べ、少々ゆっくりと休んだ後、観光特急（JR九州では「D&S〔デザイン&ストーリー〕列車」と呼んでいる）「ゆふいんの森5号」で由布院に向かった。「ゆふいんの森5号」は、全車が普通車指定席となっていてグリーン車はない。パスの特典が活かせないので、ちょっと損をした気もするが、普通車といっても座席のグレードが高いので、まあ良しとしよう。

観光列車らしく、女性アテンダントさんが笑顔で迎えてくれるなか、車内へ入る。指定された4号車は、5両編成とするため

「ゆふいんの森５号」の４号車

に２０１５年に追加で製作された車両なので、まだ新しい。面白いことにドアがまったくないので、隣の５号車から乗り込む。ステップを上がると、４号車へ向かうブリッジがあり、ハイデッカーの車内へ入る。緑色をした柄模様のシートは、いかにも水戸岡鋭治氏らしいデザインだ。

　発車すると、女性アテンダントさんがやってきて、挨拶がてら車内で販売する飲食物のＰＲを始めた。しばらくは、車窓の見どころもないので、宣伝に乗せられて３号車のビュッフェへ向かう。車内を散策がてら移動するのも観光列車の楽しみの一つだ。ただし、ビュッフェといってもテーブル席

「ゆふいんの森５号」のビュッフェ

があるわけではない。窓を向いたカウンターテーブルがあり、立ったまま飲食をするようなあつらえだ。しかも、売店の向かいなので、頻繁に人が行き来して落ち着かない。ドリンクと軽食、記念のグッズを買っただけで席に戻った。

久留米駅で、鹿児島本線から久大本線へと駒を進める。単線非電化のローカル線に入り、いよいよ車窓も楽しめる。見どころは適宜アナウンスしてくれるので親切だ。また、記念写真用のボードを持って回ってきたので、女性アテンダントさんにシャッターを押してもらう。これも観光列車ではよくあるサービスである。

車窓から見た慈恩の滝

天ヶ瀬駅を過ぎると、慈恩の滝が見えるとの案内があった。「じおん」といわれてもピンと来ない人が多いであろうから、「慈恩の滝」と大書した紙を見せながら回ってくる。やがて列車は徐行しながら滝の脇を通り過ぎた。「ゆふいんの森」の車窓のハイライトの一つだ。

博多駅から由布院駅まで2時間少々の旅は、あっという間だった。駅前からはタクシーで宿へ。列車移動に明け暮れた2日目は終わる。

3日目は、お昼まで由布院の街をぶらぶらする。土産物屋と並んでキャラクターショップが目に付くのも面白い。若い人向け

由布院駅前から由布岳を望む

のお店も多いようだ。由布院のシンボルである二こぶの山頂が特徴の由布岳がいたるところから顔を出していた。

お昼過ぎの「ゆふいんの森3号」で大分へ。2日目に乗った「ゆふいんの森5号」とは微妙に異なる車両だ。こちらが初代の「ゆふいんの森」なのだ。新しい車両のようにブリッジがなく、車両間を移動するときにはステップを降りてまた上る。デビューして30年ほど経つので、レトロ感が際立つ。

大分駅で日豊《にっぽう》本線の特急「ソニック」に乗り換える。車内販売がなさそうなので、駅弁を買おうと思ったが、ホームには売店がない。改札口の外にあるらしい。駅員さんに事情を

「ゆふいんの森３号」

大分駅からは特急「ソニック」に乗車

「ソニック」のグリーン車車内

話して、妻だけが外に出た。同一行動には反するけれど、こうしたときの臨機応変な対応は助かる。鉄道会社や駅によるのかもしれないけれど、嬉しくなった。

「ソニック」は、同じJR九州の特急「かもめ」と同タイプの白い車両だ。グリーン車は最後尾1号車の半分、運転台寄りに12席しかない。通路を挟んで2人席と1人席に分かれているけれど、2人席も座席と座席がツインベッドのように微妙に離れているのが興味深い。洒落た丸いテーブルがあるが、お弁当を置きづらいのが玉にきずだ。

列車は、カーブの多い路線を猛スピードで突っ走る。振り子式なので車体を傾斜させながらの驀進《ばくしん》だ。相当揺れるので、立ち上がって車内を散策すると酔いそうだ。おとなしく座っている方が身のためだと思う。

別府湾を走るときに海が見えるほかは、案外単調な田園風景が続く。1時間18分で小倉駅に到着。進行方向を変えて博多に向かう列車を見送って新幹線乗り場へ移動する。

ここからは、新大阪行きの「さくら」で広島を目指す。山陽新幹線の岡山から西

広島エリアで活躍する「レッドウィング」

の区間では、「のぞみ」「みずほ」には乗れないし、「こだま」にはグリーン車がないので、フルムーンパスで乗れるグリーン車は、早朝と深夜の「ひかり」をのぞくと、昼間は「さくら」だけである。いきおい、フルムーンパスでは、「さくら」のお世話になることが多くなるのだ。

広島に戻り宮島を満喫

小倉駅からは50分で広島駅に到着。意外にあっけなかった。広島駅では在来線の山陽本線に乗り換える。戻るように岩国行きの電車に乗車。「レッドウィング」という新しい車両で快適なのだが、高校

宮島航路のフェリー

生の下校時間に遭遇してしまったようで座れなかった。しかし、高校生の乗車区間はそれほど長くない。五月雨《さみだれ》式に各駅で誰かは降りていくので、10分もすればクロスシートに腰を下ろすことができた。首都圏のように普通列車にもグリーン車が欲しいけれど、需要を考えれば無理だろう。

広島駅から30分ほど乗った宮島口駅で下車し、港まで数分歩いてフェリーに乗る。宮島へ向かうフェリーは2種類あるけれど、宮島松大汽船ではなくJRの宮島航路。この船は、フルムーンパスを見せれば乗船券を買わなくても乗れる。在

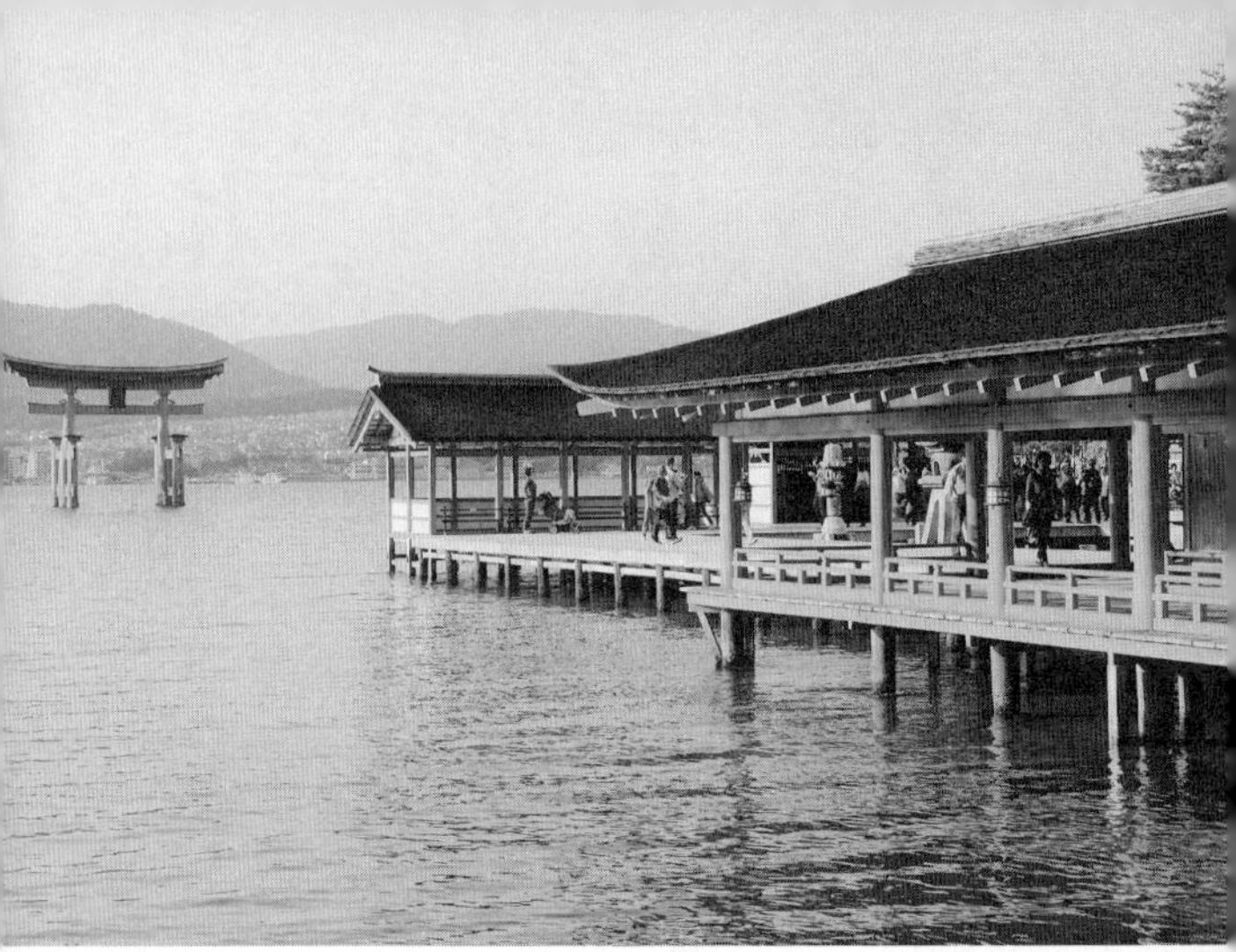

嚴島神社

来線と同じ扱いなのだ。ちなみに、列車以外で乗れるのは、宮島航路のフェリーと気仙沼線・大船渡線の列車運行を引き継いだBRT（バス）だけである。

貴重な船旅といっても10分で宮島に到着。桟橋のきっぷ売り場で、入場券を記念に購入したら、宮島駅となっていた。JRの鉄道路線に準じる扱いなのであろう。

3日目から4日目にかけては、宮島にゆっくりと滞在し、朱色に輝く嚴島神社なども見物し、お昼は牡蠣料理に地ビールで喉を潤して少々よい気分になった。

4日目の午後遅くに、来たときと逆の順番に宮島航路とJR山陽本線を乗り継いで

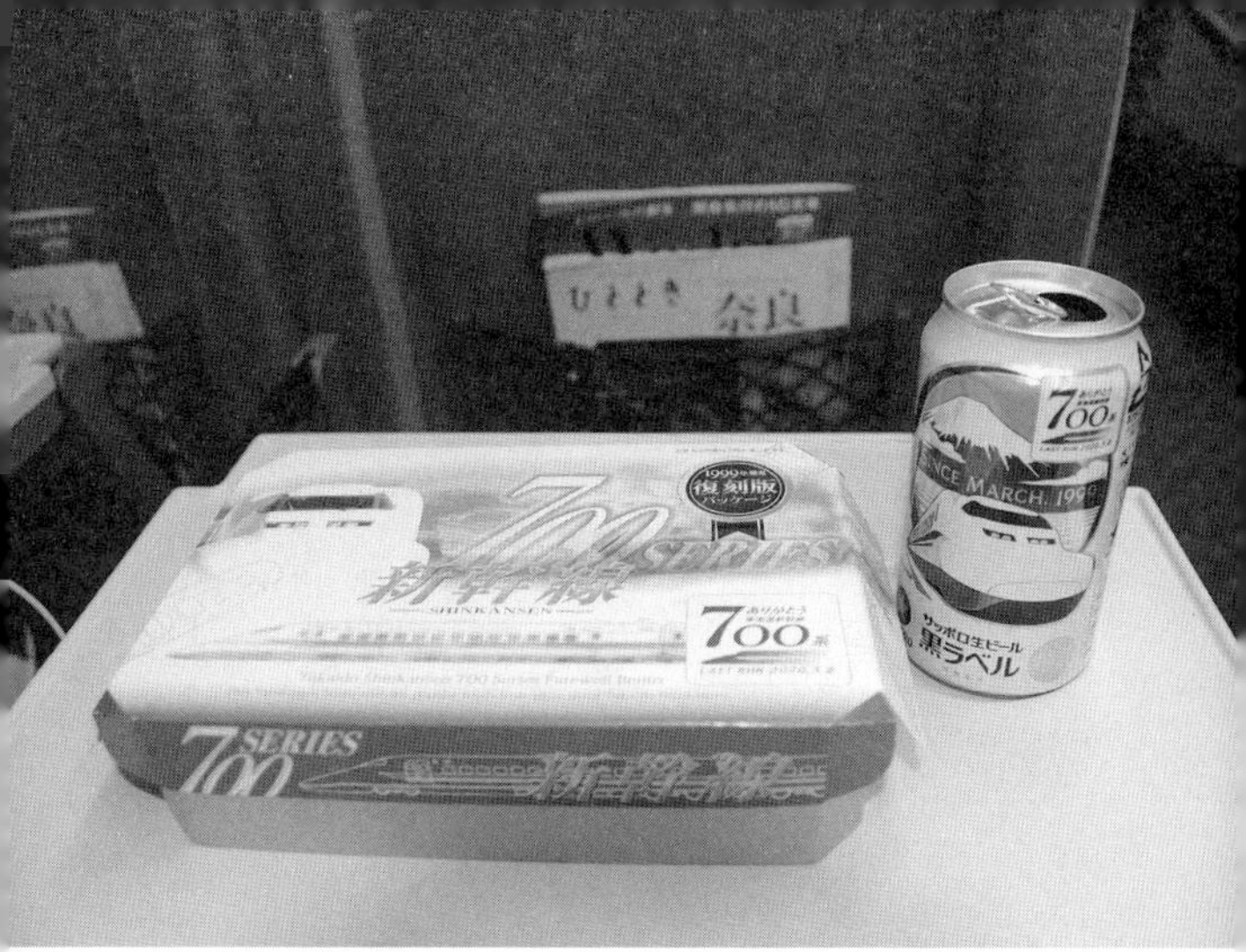

700系引退記念弁当&缶ビール

広島駅へ向かう。4日目のフルムーンパスの利用はこれだけだった。夜は繁華街まで広島風お好み焼きを食べに出かけたが、往復に使った路面電車は、JRの路線ではないので別料金であった。

5日目、最終日は、原爆ドームや平和記念公園、広島平和記念資料館をゆっくりと見て回り、午後遅い新幹線で帰京した。「さくら」「ひかり」のグリーン車を乗り継いだ。帰りは、時間がたっぷりあったのと、新大阪駅以東でしか売っていない東海道新幹線の記念弁当を買いたかったので、新大阪駅乗り換えとした。

やはり一度は使ってほしいお得なきっぷ

それほど鉄道に関心があるわけではない妻との旅行だったので、フルムーンパスを乗り倒すほど列車には乗らず、観光の時間も充分に取った。それでも、5日間乗った分を正規運賃・料金で計算すると、1人分7万8990円、2人合計で15万7980円となった。大雑把にいって半額ほどで旅行できた計算になる。

グリーン車なんて贅沢だからと、庶民感覚で、すべて普通車指定席で移動したと仮定して計算しても、1人分5万9370円、2人合計11万8740円となり、何とフルムーンパスを利用した方が安くなってしまう。

おまけにグリーン車で優雅に旅することができるので、フルムーンパスは、贅沢どころかお得なきっぷなのだ。意外に知られていないので、富裕層向けの旅行だと思っている人も多いかもしれない。実は、そうではなく、格安の料金でグリーン車に乗れるきっぷなのである。ぜひ一度、フルムーンパスの旅をしてみてはいかがだろうか。

第1章　大人のテツの二人旅

1、日本一の誉れ高い観光列車「雪月花」に乗る

デザイン賞の数々を受賞したリゾート列車

北陸新幹線の金沢までの延伸開業で、JRより分離された旧信越本線（妙高高原～直江津）と旧北陸本線（市振～直江津）を引き継いで運行している第3セクターえちごトキめき鉄道において、2016年4月にデビューした観光列車「えちごトキめきリゾート雪月花」が大好評だ。

グッドデザイン賞をはじめ世界的なデザイン賞の数々、優れた鉄道車両に贈られるローレル賞などを受賞したほか、日本経済新聞やテレビ番組などのいくつかの「観光列車ランキング」でも第1位となるなど、名実ともに日本一の誉れ高い観光列車だ。

したがって、乗りたいと思っても、ほぼ半年先まで満席続きで、半ば乗車を諦め

直江津駅に停車中の「雪月花」

ていた。ところが、今般の新型コロナウイルス感染拡大が始まった時期（2020年3月）にあたり、「雪月花」も大量のキャンセルが出たようで、間際になってえちごトキめき鉄道から乗車のお誘いがあった。それも嬉しいことに最上級の展望ハイデッキ席。2名以上の利用が前提なので妻を同伴して乗りに出かけた。ちなみに、「雪月花」は現在、3カ月先まで9割方は予約で埋まっている。なお、えちごトキめき鉄道では、「雪月花」のことは観光列車ではなく、リゾート列車と呼んでいるので、今後はリゾート列車と記載したい。

「雪月花」の表示

旅への期待が高まる大人の二人旅

「雪月花」の午前便の始発駅上越妙高駅は、北陸新幹線の乗換駅でもある。それゆえ、朝一番の北陸新幹線「はくたか」で東京駅を後にしても間に合う列車ダイヤではあるけれど、不測の事態で新幹線が遅れても「雪月花」は待ってくれない。余裕をもって前夜のうちに上越妙高駅前のホテルにチェックインし、万全を期して朝を迎えた。

決められた受付時間に、えちごトキめき鉄道の改札口前に行き、手続きを済ませてホームに降りる。待つことしばし、発車の6分前に直江津方面からリゾート列車「雪月花」が

さくらラウンジ

回送されてきた。
　鮮やかな銀朱色に塗られ、丸みを帯びてどこかヨーロッパの香りを感じさせる車両が、ホームに横づけとなる。「雪月花」と車体に大きく書かれたロゴを目にすると、これから始まる旅に期待が高まる。まずはサイドをじっくりと眺め、スタッフにカメラを渡して妻と記念写真に収まり、車内へ入る。
「雪月花」は2両編成。指定された座席は後方の2号車にある。車内で、まず目に留まるのは天然の木を不燃加工した壁で、この周辺は「さくらラウンジ」と呼ばれるカウンターだ。
　お酒やグッズが置いてあり、それらにどう

展望ハイデッキ席（写真提供＝えちごトキめき鉄道）

しても目がいく。そこで立ち止まっていては先へ進めないので、あとでじっくり時間をかけて見ることにして通り抜ける。先にはガラスドアがあり、入ると中が客室だ。通路を挟んでテーブル席が両側に3つずつ配置され（右側が4人席、左側が2人席）、その先にあるステップを上がると展望ハイデッキとなっている。真ん中の大きなテーブルを挟んで4人掛けになっているものの、相席にはならないので、この日は夫婦2人の貸し切りである。

窓を背に座ることになるけれど、椅子は自由に向きを変えられるので、運転台かぶりつきの展望席にもなる。入り口はロープで遮られているので、係員以外の乗客が入ってくることはなく、プライバシーは保たれる。ほかのテーブル席よりも一段高くなっていることもあり、優越感に浸ることができ、実に心地よい。他人に邪魔されたくないカップル向きであるし、4人まで座れるので、親密なグループでの利用も楽しいであろう。

上越妙高駅を静かに出発する

座席でゆっくり寛ごうと思う間もなく、列車は静かに動き出した。ホームでは駅長さんと係の女性が手を振って見送ってくれる。

いよいよ3時間ほどの旅の始まりだ。列車の行先は糸魚川になっているけれど、まずは糸魚川とは反対方向、つまり南に向かって進む。展望席は最後尾となって車窓は遠ざかる線路を眺めることになる。サイドを眺めると遠くには妙高山を中心とした山並みがあるはずだが、雲に隠れてよく見えない。

しばらくは平坦なところを走るので、車窓の見どころはまだない。その間に先頭

1号車車内

1号車フリースペースの風変わりな板張り席

の1号車を見学することにした。行ってみると、何と乗客が1人しかいない。しかも、後ろの方の席に座っていたので、車内の写真を撮っても邪魔になることはなかった。

この車両は、すべて妙高山の方向を向いた席で、2人連れの場合は並んで座ることになる。天井まで大きな窓が広がっているので、明るくて開放的だ。運転台の後ろは、私たちの席と同じくハイデッキだが、こちらは誰でも利用できるフリースペース。背もたれのある1人用の席と、半円形および三日月形という風変わりな板張りの席があって前面展望が楽しめる。

上越妙高駅を出て15分ほどで山深くなり、二本木駅へ。駅のはずれに木造のスノーシェッド（覆道。雪崩や落石から車両を守るトンネルのようなもの）があり、列車はその中に突っ込むようにして停車する。事故にでも遭遇したかのような妙な気分になるけれど、すぐにバックしてホームのある場所へとゆっくり移動する。いわゆるスイッチバックの駅だ。

21分も停車するので、何をしようかと思っていると、車掌さんがガイドとなって

二本木駅はずれにある木造のスノーシェッド

ホームや古い駅舎を案内してくれるという。それではとホームに降りて、駅見学ツアーに参加した。

ホームの屋根は、古いレールを再利用して枠組みとしている年季の入ったもの。この駅の施設のいくつかは有形文化財に登録されており、これもその一つだ。車掌さんが話を始める。まずはホームから見える駅舎の説明。二重になっている屋根の下に高窓があるのは、雪に埋もれても明かり取りができるようにするためとか。雪国ならではの工夫だ。

これまた歴史的な地下道をくぐって駅舎内に行くと、昔の学校で使われた黒板のような板があり、白字で運賃表がぎっしり書き込ま

二本木の駅舎と停車中の「雪月花」

れている。昭和54（1979）年当時、国鉄時代に使われた貴重なもので、これ以外にも歴史的な備品がいくつも保存されていた。外に出て駅前の様子を見た後、売店で記念入場券を買って列車に戻る。

発車時刻までまだ余裕があったので、妻は地元の人がホームで特別に開いていた売店でお買い物。名産のほおずきジャムなどを買っていた。本来なら女性を中心とした乗客でごった返すはずだが、この日は乗客が少なく売店の人も手持ち無沙汰だ。ふと見回すと、この鉄道沿線をイラストで表したクリアファイルが目に留まったので記念に買ってしまった。

「雪月花」の午前便のランチ

豪華なランチを楽しむ

長い停車時間が終わり、列車は発車。ホームに横づけとなる前に入り込んだ木造のスノーシェッドの脇をゆっくりと通過すると、さらに南下する。

ここで、お待ちかねの食事が運ばれてくる。午前便は、新潟県十日町出身で東京・六本木にあるミシュラン二つ星レストランのオーナーシェフ、飯塚隆太氏監修のフレンチ。三つの木の箱にきれいに盛り付けされていた。まずは、スパークリングワインで乾杯する。その間に列車は、関山駅を通過し、白田切川橋梁に差し掛かると最徐行し始めた。進行方向

妙高高原駅では、しなの鉄道115系と並ぶ

左手を眺めると、川がオメガの文字を逆さまに描いたように曲がり、その間にある台地は棚田になっている。なかなかの絶景だ。

えちごトキめき鉄道最南端の駅、妙高高原で14分停車。標高の高いところにあるためか小雪が舞っていた。食事を中断して駅前散策をする。車掌さんが、傘を用意して駅前の土産物屋に案内してくれる。妻はまたしても何か買うつもりだ。

終点とはいっても線路はさらに延びている。ただし、そちらはしなの鉄道の線路で長野駅方面へ向かう。ちょうど、長野駅発のしなの鉄道の電車が到着し、「雪月花」と並んだ。国鉄時代から使われてきた115系で、横須

本来なら、妙高山が見えるのだが……

賀線用の紺とクリームのツートンカラーを再現した復刻塗装の車両である。記念に並びを撮っているうちに発車時刻となった。「雪月花」は、この駅で進行方向を変えて、来た道を戻り、北へ向かう。えちごトキめき鉄道の線路からはみ出ることは、通常は「ない」のだ。ここからは展望ハイデッキ席が先頭になる。

しばらくは同じ景色を見ることになるので、ちらちらと前面展望を楽しみつつも再び食事に専念する。温かいスープも運ばれてきた。関山駅と二本木駅の間では、女性アテンダントさんが「本当なら、このような絶景が眺められるのですが、本日はあいにくの天気で残念です」と、大きな妙高山のパネル写真を見せてくれた。テーブルのランプは、妙高山の形をイメージしているとも教えてくれる。雄大な山が見えないと思うと悔しい。

いつしか列車の始発駅上越妙高を通過。高原から平地に降りるとみぞれはやんでいた。高田駅を通過し、春日山駅付近では上杉謙信ゆかりの春日山城跡が西側に見える。女性アテンダントさんのアナウンスで教えてもらった。

停車した駅でミニツアーも体験

直江津駅では14分停車。全国に4駅しかない駅弁の立ち売りを見学した。売り子のおじさんには申し訳ないけれど、豪華なランチを食べ終わったばかりだったので食指が動かなかった。

それよりも、1899（明治32）年に設置された線路のゼロキロポスト（起点の表示）とその記念パネルが気になった。直江津駅は信越本線の始発駅ではなく、ずっと中間駅だった。しかし、歴史的経緯から、信越本線のゼロキロポストは高崎駅

直江津駅のゼロキロポスト

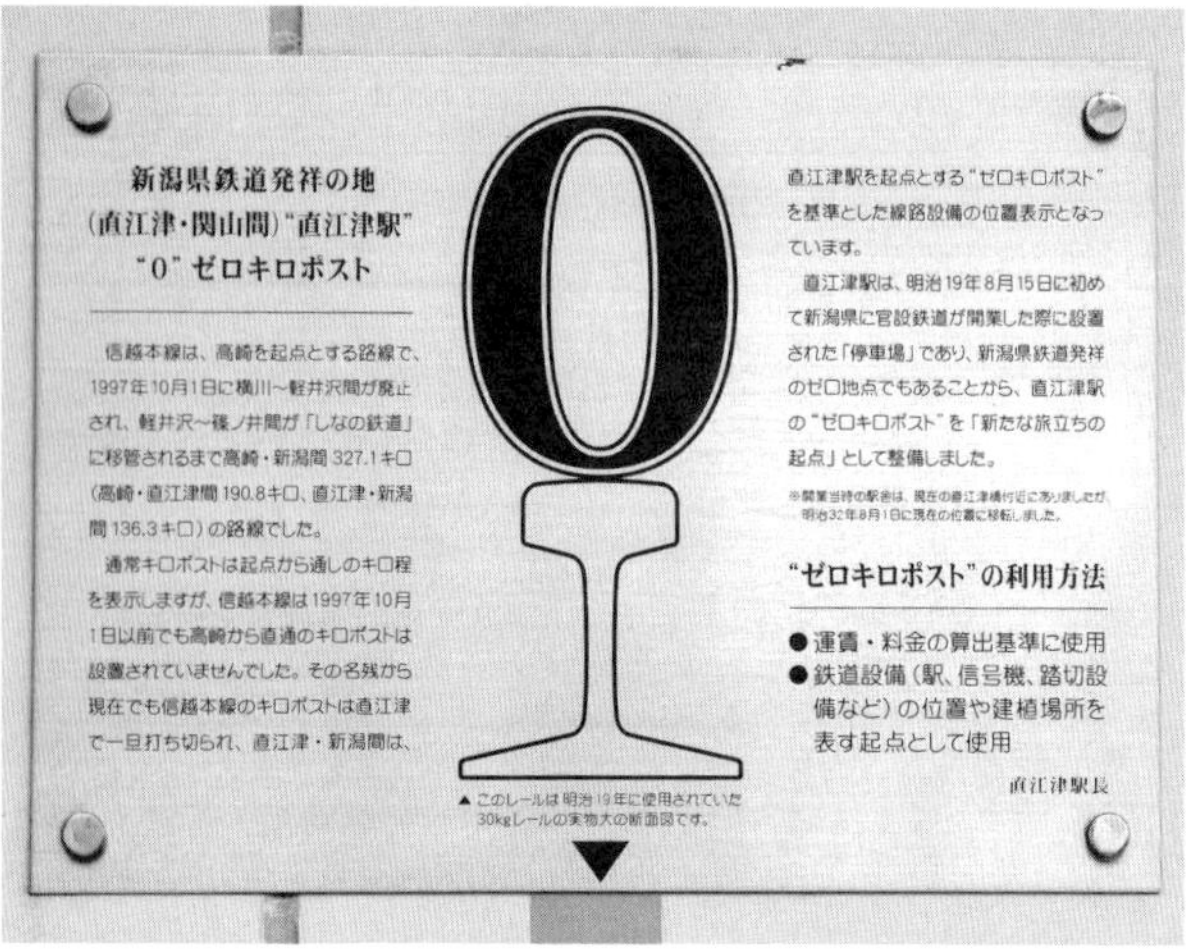

直江津駅ゼロキロポストの説明板

トンネルの中にある筒石駅で停車

と直江津駅の2駅にある。信越本線は、北陸新幹線の開業とその延伸によりズタズタに分断されてしまい、現在は三つの区間が残るのみだ。そのうち、新潟県内の残存区間は、直江津駅から新潟駅までであり、その始発駅としてゼロキロポストは明治期以来、久しぶりに意味あるものとなったのである。妻と一緒にホーム上をうろうろして停車時間を過ごす。

直江津からは進行方向が再び変わり、展望ハイデッキ席は最後尾となる。今度は旧北陸本線（現在は、えちごトキめき鉄道日本海ひすいライン）を西に向かう。山が海に迫った難所で、たびたび土砂崩れなどの災

車窓から見える日本海

害に見舞われた区間も、長大トンネルの完成で安全に走行できることになった。そのため移転した駅もあり、なかでも筒石駅は長さ11キロメートルあまりの頸城トンネルの中にある特異な駅として知られる。いわゆる秘境駅の一つだ。

「雪月花」は、この駅で10分停車する。駅出入り口までは階段しかなく、それも280段（下りホームからは290段）を上って降りるには10分では足りないので、車掌さんの先導のもと、途中の踊り場までで折り返し、ユニークな構造の駅を少しだけ体感できた。トンネル内の駅というのは、地下鉄の駅と比べると薄暗い上にホームも狭く、独特の風情があると思う。

筒石駅からはいよいよ最後のコースだ。デザー

デザート

記念グッズや乗車案内の冊子

「雪月花」の乗車記念カード

トと紅茶をいただき、最後はお土産までいただいた。

女性アテンダントさんに、お礼かたがた話をしているうちに、列車はいくつもの長いトンネルをすべて抜け、平地に差し掛かった。糸魚川駅の手前で直流区間から交流区間へのデッドセクションを通過すると、あっけなく糸魚川駅のホームに滑り込んでいった。

3時間の旅は終わってみればあっという間だった。食事もさることながら、様々なおもてなしや停車駅でのミニツアーもあり、盛り沢山なメニューに大満足だった。車窓も、山あり、渓谷あり、海ありと変化に富んでいて、大いに楽しめた。

上越妙高駅から糸魚川駅までは、北陸新幹線なら僅か12分で行ける距離である。

糸魚川駅で保存中のキハ52

しかし、回り道や長時間停車を繰り返しながら、およそ3時間かけて鉄道旅を楽しむ人がいるのは、速さだけの新幹線では味わえない旅の魅力が数えきれないくらい詰まっていることの証である。

糸魚川駅に到着後は、日本海とは反対側、北陸新幹線のホームが近い南口にある「ジオパル」という展示などがある情報発信施設を訪れた。

以前、糸魚川駅に発着するJR大糸線で使われていたキハ52形ディーゼルカーの保存車両を見物し、係の人の特別の計らいで写真が撮れるように建物の扉を開けていただいた。また、隣接する展示室では鉄道模型のレイアウト（ジオラマ）を、時間をかけて眺めた。

現在では、キハ52形の隣に寝台列車「トワイライトエクスプレス」の食堂車を再現した実物大のレプリカが展示されるようになったという。２０１９年から20年の初春にかけて、東京・六本木で行われた鉄道イベントで展示された車両を移設したものだ。また、出かけなくてはなるまい。

「雪月花」の旅は、大人の二人旅に最適だ。シニア夫婦などカップルでのお出かけや大人の女子旅での利用でも楽しめると思う。

＊「雪月花」の公式サイト　https://www.echigo-tokimeki.co.jp/setsugekka/index.html　取材協力＝えちごトキめき鉄道

2、リニューアルされた近鉄の団体専用列車「楽」のゆったり旅

華やかな雰囲気が漂う団体列車に試乗する

大阪上本町駅は近鉄のターミナル駅の一つだ。地下ホームは上下線の線路が通り抜けのできる単純で手狭な構内であるが、地上ホームは行き止まりの櫛形ホームがずらりと並び、阪急の大阪梅田駅や南海の難波《なんば》駅とともにヨーロッパの大都会のターミナル駅を彷彿とさせる造りだ。

その地上ホームの改札口を入って一番右手の8号線（関西独自の表記方法で、関東なら8番線）に背の高い茶系のシックな装いの4両編成の電車「楽《らく》」が入ってきた。これは近鉄の団体専用列車で、1990（平成2）年より長きにわたって活躍してきたが、2020（令和2）年夏、30年ぶりに全面リニューアル。大阪市内から伊勢志摩へ、名古屋へとツアー参加者を乗せて再び走り始めた。

団体専用列車なので、「楽」に乗って出かけるというツアーに参加するか、たまに運転される臨時列車を予約するしか乗る方法はないのだけれど、いずれにせよ一味変わった大人の鉄道旅が楽しめる。1人でも申し込めるが、気の合った仲間や友

「楽」外観

「楽」の表示

人を誘って乗車するのがおススメだ。ここでは、2020（令和2）年8月に利用した大阪上本町駅から近鉄名古屋駅までの試乗会の模様を紹介しよう。

乗車前に「楽」をホームから見てみる。「漆メタリック」に輝く車体は、わが国で古来より使用されている漆をモチーフとした色で、車体のところどころには5種類の和柄の模様がアクセントとして添えられている。これは近鉄沿線5地域（大阪、奈良、京都、伊勢志摩、名古屋）を表したものだという。「楽」のロゴのほか、近鉄の商標でもあるVISTA CARの表記でわかるように、この電車の先頭と最後尾は2階建て車両、中間の2両はハイデッカー車両なのである。

8月中旬のうだるような猛暑と、人いきれでむせ返るようなホームから車内へ入ると、エアコンが利いていて心地よい。案内されたのは3号車で、真ん中の通路を挟んで大型テーブル付きの座席がずらりと並んでいる。座席は転換可能で4人席にもなるけれど、とりあえずは2人席として利用する。

天然木のテーブルの窓側にはランプが設置され、レストランのテーブルのようでもある。また、コンセントもあり、スマホやタブレットの充電もできるので、いざ

「楽」の車内、座席の様子

テーブルとコンセント

というとき頼りになるのは心強い。何よりもシートピッチが広いので、ゆったりしている。調べてみると121センチメートルもある。気分的に周りの人が、かなり離れて座っている感じがするし、「密」にもならないので安心だ。窓も大きい上にハイデッカー車両なので見晴らしがよい。展望も大いに楽しめそうである。

シートの柄は、隣の席とは異なる。見回すと車体にアクセントのようにあしらわれた5種類の図柄がここにも使われている。見た目は華やかであり、楽しいカジュアルな雰囲気が車内にあふれ、旅への期待が早くも高まる。車内販売はないと聞いていたので、あらかじめ飲食物は駅のキオスクで入手しておいた。車内を見回すと、発車前から早くも缶ビールを開けて乾杯しているグループもある。団体列車らしく賑やかな雰囲気だ。

大阪の街をゆっくりと走り出す

「楽」は、定時に大阪上本町駅のホームを滑るように離れ、複々線の線路を東へ向かう。布施駅で奈良線と分かれ、南東に進路を定め大阪の近郊エリアを進んでいく。

臨時列車なので、特急や急行に何回も道を譲りながら、のんびりと走る。最新型の特急「ひのとり」なら2時間ほどで走破する名阪間を「楽」は倍の4時間近くをかけて、ゆっくりと走るのだ。

さっそく車両基地のある高安駅《たかやす》に停車する。もっとも、ドアは開かないので、ホームに降りることはできない。ゆったりと展望の利いた車内から通過する電車を見送る。

高安を発車してしばらくすると、先頭の1号車へと案内された。「密」を避けるために、数人ずつのグループに分けて、ゆっくりと前面展望を堪能できるようにとの配慮は嬉しい。緑豊かな区間に差し掛かったのはラッキーだ。

車内の通路を歩いて1号車に向かう。両側を見渡すと、いくつものグループがドリンク、なかにはビールや酎ハイを片手に談笑に夢中になっている。以前に会ったことのある何人かとは会釈をして脇を通り過ぎた。

1号車の2階席は、2号車、3号車と同じ座席が並んでいるけれど、運転台のすぐ後ろだけはフロアが1段低くなっている。そこには、不思議な形をしたソファー

楽 VISTA スポット

があり、前面のみならず、左右の車窓も楽しめる。「楽VISTAスポット」と名づけられたフリースペースなので、誰でも好きなときに好きなように利用できるのだ。運転台との仕切りはガラス張りなので、風景のみならず、すれ違う電車もよく見える。大阪線を走る電車は、普通列車、急行から特急までバラエティに富んでいて見飽きない。特急列車も個性的な車両ばかりで、「伊勢志摩ライナー」、「アーバンライナー」ともすれ違ったけれど、列車ダイヤの都合で最新型「ひのとり」は展望席滞在中にはやってこなかった。

1号車階下のフリースペース

大和八木駅を過ぎ、広々とした盆地をひた走る。左手近くには耳成山《みみなし》、右手やや離れたところには天香久山《あまのかぐ》といった、歴史的にも特色ある山々が見える。JR桜井線と交差する桜井駅を出ると山深くなり、大和朝倉駅に到着。しばし停車する。

車窓の楽しみが途切れたところで、車内にある階段を降りて1号車の階下室をのぞいてみた。靴を脱いで利用するフロアになっていて、様々な形のカラフルなクッションが置いてある。寝そべるようにリラックスしたり、こどもを遊ばせたりと、多様な使用方法が可能なフリースペースだ。密室のようになっているので、車内の喧騒を忘れて1人静かにくつろたたねするのもいいかもしれない。

最後尾の４号車もほぼ同じ造りではあるけれど、前面展望（大阪から伊勢志摩や名古屋へ向かうときは後方展望）が楽しめる「楽ＶＩＳＴＡスポット」のソファーの形は全く異なる。階下のフリースペースもクッションの形が別物で、両方のスポットで違いを感じながら遊んでみるのも一興であろう。

１号車と４号車の連結部分寄りには、荷物置場と４人向かい合わせのサロン席がある。セミコンパートメント風のちょっと異質な空間でもある。団体旅行のときに添乗員が休んだり、仕事をするスペースとしての利用も考えているようだ。

三重の山岳地帯を抜け名古屋線に入る

山間部を進む。長谷寺、室生口大野といった史跡の最寄り駅を通過。木立の中を抜け、何度も鉄橋で宇陀《うだ》川を渡り、集落を見下ろしながら走る。このあたりの車窓は何度通っても見飽きることがない。電車は、いつしか奈良県から三重県に入り、名張駅に到着。少しだけ停車する。

東青山四季のさと

　さらに進み、伊賀鉄道の電車が停車している伊賀神戸《いがかんべ》駅を通過すると、いよいよ沿線でもっとも険しい山岳地帯に差し掛かる。西青山駅を通過すると５６００メートル以上の長さの新青山トンネル、続いて１０００メートルを超える垣内《かいと》トンネルを潜り抜け、東青山駅に到着、しばし停車する。「東青山四季のさと」という公園が目につく以外は何もなさそうだ。

　小休止が終わると運転を再開。榊原温泉口駅を通過し、トンネルを抜けると、次第に山並みが遠ざかり、平地に差し掛かる。川合高岡駅付近では、ＪＲ名松線の線路と接近しているはずだが、民家が立て込んで

中川短絡線を通過。左が近鉄名古屋線、右が近鉄大阪線

いるせいもあってよくわからない。駅を通過すると、減速して大阪線に別れを告げ、中川短絡線に入り大きく左へカーブ。陽の向きが変わったところで名古屋線に入る。

10分ほど走ると津に停車。ひらがなで書いても漢字で書いても一字という面白い駅名である。このツアーでは唯一ドアが開く途中駅だ。ここで下車する人、新たに乗ってくる人がいる。松阪駅の有名駅弁店の女社長も乗り込んできてご挨拶。車内は賑やかになった。旅もだんだんと終わりに近づいてきたので、乗車の記念にツーショットやグループでの写真を撮り合いながらも話が弾む。

津に停車

初めて耳にした小さな豊津上野駅で10分ほど停車。特急や急行3本に抜かれ、ゆっくりと発車した。鈴鹿市内の平坦なところを心地よいテンポで走り、鈴鹿川を渡ると塩浜駅を通過。JRの貨物線が脇に見えてきて工業地帯四日市らしい雰囲気になる。特急停車駅の四日市駅はかなりのスピードで通過した。ホームには若い鉄道ファンがたむろして、「楽」の走りを撮影していた。沿線のいたるところで撮り鉄の姿を見かけたが、「楽」のリニューアルデビューは相当の人気である。

三岐《さんぎ》鉄道三岐線が分岐する近鉄富田駅を通過。黄色くて可愛らしい北勢線の電車が見えると桑名駅に停車。ドアは開かず、すぐに発

DF200牽引の貨物列車と並走

車し、右に大きくカーブして、揖斐川、長良川、木曽川という三つの大河を豪快に渡る。隣のJR関西本線を進む、北海道からやってきたDF200形ディーゼル機関車が牽引する貨物列車と並走するも、「楽」はさっそうと抜き去った。

終点で待ち構える大勢の鉄道ファン

木曽川を渡ると、いよいよ愛知県。夕日を背に、弥富、蟹江を過ぎ、「楽」は名古屋市内に入る。右手にJRの広大な車両基地を見つつ、最後は地下に潜って近鉄名古屋駅に到着した。

ホームに降り立つと、大勢の報道陣や鉄道

ファン、スマホ片手の女性客が「楽」を一目見ようと密集状態。人混みを避けつつ駅を抜け出した。

長いようで、終わってみれば楽しさいっぱいの4時間の旅。思い立って乗ることはできない車両だが、うまく日にちのあうツアーがあれば、また「楽」に乗ってみたい。観光なら伊勢志摩へ向かうツアーが楽しそうだ。

内宮・外宮への参拝のみならず、鳥羽で下車して水族館を見物したり、オプションで伊勢湾を横断して伊良湖岬あたりまで足を延ばすこともできる。大阪上本町駅始発ばかりでなく、近鉄名古屋駅始発のツアーも時々設定されているのは、首都圏から参加するには都合がよい。時には仲間を誘っての賑やかな旅にしたいとも思う。

なお、「楽」は臨時列車なので、運転停車などはツアーによって異なる。いつも同じ列車ダイヤで走るとは限らないので、注意したい。

＊取材協力＝近畿日本鉄道

第2章　駅旅情を味わう旅

駅には旅情がある。新幹線を含む長距離列車が発着する都会の駅では、その遠い行先表示の駅名を眺めるだけで、行ってみたいという衝動にかられ、列車に飛び乗りたいと思ったりする。

地方のローカル線の駅では、ゆったりとした時間に身をまかせ、のんびりと発着する列車を見送るだけでも、一幅の絵画を眺めているような満たされた気分に浸ることができる。

鉄道の駅には、線路を媒介にして旅にいざなうという効果があるのではないかと思う。さらに、列車に乗って旅に出る玄関の役割のみならず、駅そのものにも、わざわざ訪れるだけの魅力が備わっているのではないかと感じる。

全国には大小様々な駅があるけれど、その中から私の思い出に残る駅を取り上げるとともに、読む人を旅に誘い出してみたい。

日本最北端・JR稚内駅

まずは、北海道の駅から話を始めよう。

JR稚内駅

北海道というよりも日本最北端の駅がJR稚内駅だ。ここに降り立つと、もうこれ以上は北に向かって線路は延びていないという最果て感、とうとう来てしまったという満足感とともに寂寥感に浸ってしまう。

稚内駅には、10年以上も前に、日本の東西南北それぞれの果ての駅を制覇するミッションの一環として行ったことがある。その後、駅が大改装されたと聞いていたので、再訪しなくてはと思いつつ、なかなか実現することがなかった。

ようやく足を運ぶことができたのは、2019(令和元)年夏のこと。駅は「道の駅」を含めた複合施設の中にあり、ガラス張りの建物は斬新なデザインだった。明るくて、うらぶれた感じは微塵もなかったけれど、ホーム1本、線路1本の最低限の施設しかない停留所のような駅になっていたのには驚いた。地方交通線（ローカル線）の位置づけにはなっているものの、いやしくも特急列車が走る宗谷本線の終着駅である。せめて従来のように1面2線の駅であってほしかったのだが、1日に特急3往復、普通列車3往復しか発着しないのであれば、コンパクトにしなければ経営上やっていけないのだろう。JR北海道の厳しい現実を垣間見るようでもあった。

それでも、ホーム上には、旭川駅より259・4キロメートル、札幌駅より396・2キロメートル、東京駅より1547・9キロメートル、さらには南九州の指宿駅、JR最南端の西大山駅、JRで一番南にある終着駅枕崎駅までの距離3099・5キロメートルの表示板があり、最北端の記念すべき駅であることを否応なく見せつけてくれる。線路の果てには「最北端の線路」という木製の記念碑が立っていて、これは昔からあったものだ。

もっとも現在、宗谷本線の線路の最北端は、駅の改装後、若干南に移動してしま

最北端の線路、
木製の記念碑

東京駅からの
距離

った。そのため、かつての最北端の位置は駅外に記念に残されている。すなわち、駅の出入り口から駅前広場に向けて線路がモニュメントとしてコンクリートの中に埋め込まれていて、車止めが広場の真ん中に立っている。こうして造られた「日本最北端の線路」というまだ新しいモニュメントは、やや小ぶりだが稚内駅のニューフェイスとして観光客に親しまれているようだ。

この駅前広場のモニュメントをもって線路が途切れているわけではない。コンクリートに埋め込まれた路面電車の線路のような跡が、さらに北へと続いている。単なる線路のようなデザインではなく、かつてここには本当に線路が敷かれていたのだ。

線路跡はすぐに途切れてしまうけれど、その先には、稚内港の名所である北防波堤ドームが、その堂々たる威容を見せつけている。古代ローマの建築物を思わせる円柱と優美な曲線から成り立つ回廊は、キリコの絵画をも彷彿とさせる異国情緒漂うものだ。かつて、この埠頭は今のサハリン（当時は樺太と呼ばれた）にある大泊《おおどまり》駅（現在のコルサコフ）とを結ぶ、「稚泊連絡船」が発着していた場所である。その

北防波堤ドーム前にあるC55の動輪

ため、列車は稚内駅の構内という位置づけではあったが、北防波堤ドームの脇まで乗り入れていたのだ（稚内桟橋駅と呼ばれていた）。

その痕跡をとどめるものとして、宗谷本線で活躍したC55形蒸気機関車の49号機がドーム脇に静態保存されていた。けれども長年の塩害でボロボロになり、1996（平成8）年に解体されてしまった。幸い、動輪1対とナンバープレートだけがモニュメントとして今も見ることができる。

近いようで遠いサハリン。近年、フェリーが復活したものの、諸般の事情から中断したままだ。サハリンの鉄道は、間宮海峡を横断してシベリア鉄道とつなぐ構想もあると聞く。そうなると、稚内はヨーロッパへの新たな玄関口になるわけで、妄想に近い夢物語とはいえ、壮大なロマンを感じる駅でもある。

かつての北海道の玄関口だったJR函館駅

北海道へのメインルートが青函連絡船経由だった時代、函館駅は北海道の玄関口だった。昭和43（1968）年の時刻表を探し出してみると、函館駅からは札幌行きの特急や急行はもちろんのこと、釧路行き特急「おおぞら」、釧路&網走行き特急「おおとり」、稚内行き急行「宗谷」など、文字通り北海道各地へ向けて長距離優等列車が次々と発車していた。

国鉄がJR各社に分割民営化され、青函トンネルが開通した昭和63（1988）年には、寝台特急「北斗星」や快速列車「海峡」などが青函トンネルを行きかうようになったけれど、一旦函館駅に到着し、「北斗星」は進行方向を変えて札幌へ向かったし、函館駅が終点の列車は、函館駅から北海道各地へ向かう列車に乗り継ぐ

JR函館駅

新青森からの特急が発着していた頃の函館駅ホーム

ようになっていた。

もっとも、1970年代頃から、首都圏と札幌の移動のメインは航空機に移りつつあり、1980（昭和55）年に千歳空港駅（現在の南千歳駅）が開業したのを契機に人の流れは大きく変わることとなった。国鉄末期には、北海道の優等列車の起点は函館ではなく札幌に移り、函館駅に発着する特急列車は札幌行きに限られるようになっていく。そして、2016（平成28）年3月26日、北海道新幹線の新青森駅〜新函館北斗駅の開業により、鉄道利用のメインルートは新函館北斗駅で新幹線と在来線特急を乗り換えるのが主流となる。

こうして、函館駅はかろうじて保っていた北海道の玄関駅の地位も事実上失うことになってしまった。函館は北海道第3の都市であり、魅力的な観光地でもあるので、人の行き来はあるものの、鉄道交通の要衝では、もはやない。

函館駅の現在の駅舎は2003（平成15）年に完成した5代目で、建物の上に円柱のようなものが飛び出たユニークなデザインだ。何でも青函連絡船をイメージして設計されたとか。言われてみれば、円筒部分は連絡船の煙突を彷彿とさせる。な

函館駅のゼロキロポスト

るほどと思う。

線路が行き止まりとなった終着駅なので、改札口から中に入ると、すべてのホームへはバリアフリーで段差がない。キャスター付きの旅行鞄を転がして進めるのはありがたい。札幌駅のように低い天井で覆われた圧迫感がなく、ホームから空が見えるのは開放感があって好ましい。4本もホームがあるけれど、青函トンネル開業後に本州からやってきていた定期旅客列車の姿が消えたのは寂しい。特急列車が発着するといっても定期列車は札幌行きの「北斗」だけ。ホームを持て余しているようでわびしさが漂う。

一番海側の8番線からは、広大な車両基地が望まれるけれど、停まっている車両は少ない。

がらんとした何本もの線路もすでに役目が終わったかのように感じてしまうのは、冷たい海風のせいだけではあるまい。

改札口からホームへ向かう通路からは、函館本線の起点であることを示すモニュメントとなるゼロキロポストを間近に見ることができる。函館駅が北海道の鉄道の起点であることを誇示している記念碑ではあるけれど、過去を懐かしんでいるように思える。もう、かつての賑わいは戻って来ないのだろうか。

特急列車のルートからはずれたJR小樽駅

北海道でも有数の観光地・小樽。札幌から快速電車で30分ほどの距離で、1時間に2本、普通電車を含めれば1時間に4本は走っているので便利といっていいだろう。しかし、小樽から倶知安《くっちゃん》、長万部《おしゃまんべ》方面は電化されていないうえに列車本数は激減してしまった。同じ函館本線なのに落差は激しい。

元々、函館駅を出た列車は、長万部から山間部に分け入り、倶知安、小樽を経て札幌へ向かっていた。しかし、昭和36（1961）年にデビューした北海道初の特

JR小樽駅

急列車「おおぞら」が運転を開始した頃から、距離は長いけれど都市が連続し、勾配もゆるやかな室蘭本線、千歳線経由が優等列車のメインルートになり、長万部〜倶知安〜小樽の通称「山線」はローカル線へと転落した。

　現在では、臨時列車を除いて定期の優等列車は運転されていない。札幌方面から小樽にやってくる列車も快速列車が最優等であり、小樽駅に発着する定期の特急列車はなくなってしまった。

　かつての本線の主要駅にふさわしく、小樽駅の駅舎は上野駅や両国駅に似ている。昭和9（1934）年建築の鉄骨鉄筋コンクリート造りで、当時の主要駅の標準的な設計だっ

ランプのカーテン

た。正面入り口から駅舎内へ入り、振り返るとファサード（外観）の窓は数多くのランプで飾られている。これは、小樽の名産品として名高い北一硝子が製造し寄贈したもので「ランプのカーテン」と呼ばれた。その佇まいは壮観だ。夜になるとランプは輝きを増し、幻想的な光景を演出する。ほかにはホームの柱にも設置され、全部で333灯もあり、駅の名物になっている。

もう一つの駅の名物は「裕次郎ホーム」だ。これは駅舎に隣接する長い4番線ホームの倶知安寄りに設けられたスペースで、名優・石原裕次郎の等身大パネルが置かれている。裕次郎は幼少の頃、9歳まで小樽で過ごしたの

裕次郎ホーム

で、ゆかりの地の玄関駅となる。実際、1978（昭和53）年5月15日に、ロケでこのホームに降り立ったと記念プレートに記されている。長大ホームの端から端まで停車する長編成の列車がなくなった現在、「裕次郎ホーム」のコーナー付近に車両が停車することはなく、3回ほど訪れたけれど、いつも閑散としていた。小樽駅の現状を象徴しているようで寂しい。

2031年に予定されている北海道新幹線の開業に合わせて、小樽市内に新駅ができるものの、この小樽駅とはかなり離れた山の中にできるようだ。果たして現在の小樽駅が賑わいを取り戻すかどうか確信はない。

東武鉄道のかなめ下今市駅

下今市駅は、東武日光線の駅であるとともに、この駅から鬼怒川線が分岐するジャンクションだ。浅草をはじめ、首都圏にあるJRの駅から直通する特急列車が発着し、「リバティ」の場合は、何往復かの列車が、当駅で東武日光へ向かう「リバティけごん」と鬼怒川温泉を経由して会津田島へ向かう「リバティ会津」に分割される。

このように、下今市駅は東武鉄道のかなめとなる重要な駅で、2017（平成29）年8月からは、復活した蒸気機関車牽引列車SL「大樹」の起点であるとともに、車両基地のある駅として新たな役割が加わった。それに伴い、駅舎を大リニューアルし、木材を多用した昭和30年あたりのムードを漂わせるレトロ調の建物に大変身した。

駅舎入り口に掲げられている駅名看板は、右から左へ下今市と読ませる戦前のスタイルだ。しかも「駅」の字が旧字体とは凝っている。さすがに改札口は現代のI

レトロ風に改装された下今市駅の駅舎

Cカード対応の自動改札機が何台か並んでいるけれど、その脇の待合室には半世紀以上前に使われたポスターや写真が掲示されていて懐かしい気分になる。

国の登録有形文化財に指定されている跨線《こせん》橋《きょう》（鉄道路線をまたぐ橋）に代わって、新設した跨線橋を使ってホームに出るが、ホームに降りないで直進するとSLギャラリーを経てSL展示館に入れるようになっている。SLの仕組みや構造が初心者でもわかるようなパネルでの解説は親切だ。展示館を1階まで降りると、転車台と機関庫が見えてくる。見学ゾーンが設置されていて、安全柵もあるので、危険がないように機関車が転車台に載って方向転換する様子を間近に見ることができる。

機関庫は新設されたもので、煉瓦造りを模したレトロ調の建物である。一方、機関庫の前にある転車台は、JR山陰本線の長門市《ながとし》駅（山口県）にあったものを移転設置した由緒あるものだ。

SL「大樹」は、ここ下今市駅と鬼怒川温泉駅を結んでいて、1日2〜4往復程度が走っている。鬼怒川温泉駅の転車台は駅前広場にあり、観光客もその様子を気軽に見学できるのがよい。東武鉄道は、SL列車を走らせるにあたって、従来にはない取り組みや工夫を凝らしていて評価できる。

さて、SLは転車台で向きを変えたあと、前進して上りホーム脇の側線に停まっている客車を連結する。昭和レトロの駅舎にマッチするのは茶色い旧型客車だが、新たに走らせるために残っている車両がないのと、冷房がなく、ドアも手動で安全対策上や快適さからは程遠いので断念したもようだ。代わりに昭和40年代以降に活躍した青い14系を利用している。

もっとも、14系でさえも現在では希少価値がある車両であり、若い人たちにはレ

下今市機関区

鬼怒川温泉駅前広場に設置された転車台

SL「大樹」、快走

トロな車両と思われるだろう。この青い客車は、JR四国とJR北海道に所属していたものを譲り受けて蘇ったのだ。

SLと客車の間には、貨物列車で使われた車掌車が挟まっているが、これは保安上のATSを搭載した車両だ。D51のような炭水車を連結した大型機関車なら炭水車に機器を搭載すればよいのだが、SL「大樹」の機関車であるC11は、炭水車のない小型のタンク機関車なので設置場所が確保できなかった。それで、窮余の策として車掌車をつないでいるというわけだ。

また最後尾には、SLが立ち往生したり、勾配で息切れすることを補助するため、万一に備えてディーゼル機関車（ＤＬ）を連結している。高速で走る電車が行きかう路線ならではの工夫でもあるのだ。

ＳＬ「大樹」は、ＤＬを先頭に、ＳＬは最後尾になって一旦は浅草方面に進む。本線の脇にある側線で待機し、定期列車として走る電車を何本かやり過ごした後、おもむろに発車し、煙を吐きながら下りホームに入線してくる。

このように、ＳＬ列車が行ったり来たりする様子を眺められるのも始発駅ならではの出来事で、興味深い。ＳＬが発着する駅特有の楽しさに満ちたレトロ感あふれる駅。それが下今市駅なのである。

特異な路線が走る鶴見駅から扇町駅まで

横浜市鶴見区と川崎市川崎区にまたがって走るＪＲ鶴見線は、特異な路線だ。ＪＲ京浜東北線の鶴見駅を起点とし、扇町駅まで走る本線をメインに途中の浅野駅から分岐する海芝浦支線、武蔵白石駅から分岐する（ただし、線路配置の関係で、電車は武蔵白石駅には停車しない）大川支線と複雑なルートを擁する。

鶴見線の鶴見駅

元々は、工場地帯の貨物輸送と従業員の通勤輸送のためにできた路線であり、弁天橋駅以遠に住宅地はほぼなく、工場地帯の中を進む。したがって、朝夕のラッシュ時は混雑するものの、昼間は閑散としているし、土休日はガラガラで電車の本数も激減する。大都会の中のローカル線的な雰囲気もあり、それを好んで訪れる酔狂なファンも少なからずいる。特異な路線と呼ばれるゆえんだ。

起点となる鶴見駅。京浜東北線の電車を降り、エスカレータを上ってコンコースを進むと鶴見線乗り場専用改札がある。同じJRの路線なのに改札口があるのは、鶴見線のすべての駅が無人駅となっているため、ここでき

鶴見線の鶴見駅ホーム

っぷのチェックをしようとしているからだ。1943（昭和18）年までは鶴見臨港鉄道という私鉄路線であり、戦時下において国鉄に買収された経緯があるので、その名残という見方もできる。

鶴見線の鶴見駅は、コの字形のホームで行き止まりとなっている小ぢんまりとしたターミナル駅だ。ドーム状の屋根に覆われた薄暗いホームに立つと、一気に昭和にタイムスリップしたような感覚を味わう。

ラッシュ時を除いて手前の3番線しか電車は発着していない。閑散とした昼間は電車が20分ごとなので、発車直後であれば、かなり待ち時間がある。そんなときは、コの字形のホームをぐるりと回って4番線に行ってみるとよい。ホームの中ほどには、「鶴見線80周年までの足跡」というモノクロ写真付きの年表や、鶴見地区に住んでいて北朝鮮に帰国した人たちから記念に贈られた時計が掲げられている。

鶴見線には、ほかの路線で使い古された車両が走っている。かつてのチョコレート色の電車や黄色い電車を思い起こす人もいるだろう。

今は205系というステンレスの電車で、山手線や埼京線で働いていた電車を改造したものだ。10両編成だったものが3両という短い編成に組み替えられていて、どことなく長閑な雰囲気だ。激務に耐えた後、静かな余生を送っている感じがしないでもない。

僅かばかりの乗客を迎え入れて発車。古びた高架線を進む。

電車は左にカーブし、京浜東北線、東海道本線、京急本線を一気に跨ぐと、スピードを落として最初の停車駅国道駅に到着する。国道とは京浜国道（現在は国道15号線）との交差地点にあることからの命名だ。地名ではなく、一般名詞が駅名に使われている珍しい例といえる。ホームに降りると、上下線の向かい合ったホームの

国道駅ホーム

屋根をつなぐように弧を描いた梁が優美だ。架線を吊るすための役目もあり機能的だが、あまり見かけない代物である。

　コンパクトにまとまったホームで、うっかりすると出入り口がないような錯覚を起こすけれど、鶴見駅寄りに小さな出入り口が見つかる。階段だけで、バリアフリーのエレベータなどの施設はない。狭い階段を降りると、上下線のホームを連絡する通路があり、さらに階段を降りると小さな改札口があった。駅員はいない無人駅だ。ＩＣカードをタッチする機器があるだけで、紙のきっぷの場合は、自分で備え付けの箱に入れるようになっている。

国道駅高架下の改札口付近

高架下に薄暗い商店街があるものの、営業している店はほとんどない。飲食店の看板が目に留まるけれど、夕方にならないと開店しないようだ。見上げるとアーチが並ぶ天井がモダンだ。半世紀以上、時が止まったかのように感じる。

明かりが見える方へ進む。半世紀以上前に流行った「タイムトンネル」というテレビ映画のように暗闇を抜けると、現代に舞い戻ったような気になる。国道が走っている方の出口には、「トンネル」の出入り口近くの壁に機銃掃射の痕跡があって生々しい。これは第二次世界大戦中に連合国軍の爆撃によってできたものだ。

海芝浦駅ホーム

再びホームに上がって海芝浦行きの電車に乗車。浅野駅から支線に入り、運河沿いに走り、右にカーブすると終点の海芝浦駅だ。1面しかないホームのすぐ下は海。釣りの名所なのかホームから釣竿をおろしている人が2、3名いた。大きな改札口は東芝の工場専用で許可がないと入れない。関係者以外の改札口は脇にある海芝公園への出入り口のみだ。

それは細長く延びている公園で、広々とした運河の彼方には、首都高速道路の鶴見つばさ橋という斜張橋が見える。工場地帯特有の眺めで夜景は見応えがありそうだ。ペア用のベンチもあり、知る人ぞ知るデートスポットのようだ。ただし、電車の本数は、ラッシュ

海芝公園からの眺め

時以外は1時間20分に1本程度なので、あらかじめ時刻表をチェックしてから行動することをおすすめする。そうしないと、無人地帯に取り残されてしまうことになろう。

15分ほどの滞在で、乗ってきたのと同じ電車で折り返す。浅野駅まで戻って、本線の旅を再開する。

電車は、入り組んだ線路を進む。武蔵白石駅の次は浜川崎駅。この駅で折り返す電車が多く、その先は2時間に1本しか走らない。僻地の過疎路線みたいだ。

貨車が大挙停車している、いかにも工場地帯の中という線路をのんびりと走る。貨物線が並行しているのでわかりづらいけれど、鶴

扇町駅ホーム

見線としては、浜川崎駅を出ると単線なのだ。

そして扇町駅。ホーム片面のみの小さな終着駅だ。改札口を出ると猫が何匹もお出迎え。猫のいる駅として人気で、インスタグラムなどのSNSには沢山の写真が投稿されている。電車は3分で折り返してしまい、それに乗り遅れると、平日の昼間と土休日は2時間待たなくてはならない。駅前には工場以外何もないので、時間をつぶす場所もなく、猫の相手をして過ごすしかなさそうだ。もっとも、路線バスは30分ごとに出ているので、電車にこだわらなければ途方に暮れることはない。ただし、浜川崎駅は通らず、川崎駅に向かうので経路が気になる人は要注意である。

扇町駅の猫たち

何とも都会離れした異色の鶴見線。首都圏に住んでいる人にとっては手頃な距離にあるローカル線といえるだろう。暇な一日、ふらっと探訪に出て、複数の駅で途中下車してみれば、それぞれの風情を味わえたり、意外な発見があったりして楽しいかもしれない。

伊勢神宮の玄関口となる宇治山田駅

近鉄（近畿日本鉄道）は、総延長500キロメートルを超える路線網を有する鉄道会社で、JRグループ以外では最大の規模を誇っている。名古屋圏と関西圏を結ぶ役割のほか、伊勢志摩への重要なルートとなっていて、これは戦前からのものだ。

近鉄の宇治山田駅

とくに伊勢神宮への参拝客を輸送するのは近鉄の最大の使命といっても過言ではない。その象徴が、1931（昭和6）年に完成した宇治山田駅である。その堂々たる駅舎は国の登録有形文化財に指定されていて、伊勢神宮に参拝する皇族や総理大臣などの要人にも利用されるにふさわしい風格が漂っている。設計したのは久野節《くのみさお》氏で、東武鉄道の浅草駅ビルも彼の手になるものだ。

宇治山田駅という名称は、開業当時、現在の伊勢市が宇治山田市と呼ばれていたことに由来する。当時は、はるばる大阪の上本町からやってきた電車の終点であり、行き止まりのターミナル駅だった。1969（昭和44）

年に鳥羽線が部分開業するとともに、中間駅になり、駅舎側の線路2線が鳥羽方面へ通り抜けできる形に変更され、現在に至っている。4番線ホームの線路と反対側にはバス乗り場があり、志摩方面への乗り継ぎがスムーズにできるよう工夫されていたが、線路が賢島駅まで延びるのと引き換えに廃止されている。

かように近鉄の終着駅ではなくなったものの、伊勢神宮、とりわけ外宮への玄関駅としての役割は現在も担っている。名古屋と大阪難波、京都からは、通常の特急のほか、「しまかぜ」「伊勢志摩ライナー」という特別な観光特急が運行されているが、いずれも伊勢市駅に続いて宇治山田駅にも停車する。それだけ重要な駅なのだ。

電車から降り、ホームから1階へ下りる。コンコースは2階まで吹き抜けになっているため広々とした空間であり、荘重な感じとともに開放感にあふれている。気品あるクリーム色で統一された壁。天井から吊るされたシャンデリアは和洋折衷の個性的な落ち着いたデザインだ。柱が天井と接するあたりも装飾が施され、ヨーロッパの歴史的建造物を見るようだ。

柱の周りがベンチとして活用されているのも合理的で無駄がない。さらに玄関の

宇治山田駅コンコースの天井付近

壁上方には、八角形の明かり取りの窓が等間隔で並んでいる。すべてに統一感があるので、安らぎさえ感じる、いつまでもたたずんでいたい場所だ。皇族や政府要人が乗降するときに利用する貴賓室があるとのことだが、もちろん下々が中に入ることはおろか近づくことさえ許されない。

駅舎を後にすると、外宮までは徒歩圏内だ。のんびり散策がてら行ってみるのもいいけれど、人待ち顔のタクシー運転手に言い寄られ、内宮までの観光付きで乗車したこともある。連れがいたので、安易に妥協したわけだが、それも観光地ならではのことだ。なお、内宮へ直接行くのなら、隣の五十鈴川《いすずがわ》駅が近い。といっても歩くと30分近くかかるので、バスかタクシーがおススメ。内宮の中だけでもかなり歩くことになるから、エネルギーを温存しておく必要があることを知っておいた方がよい。

東京からのアクセスがいい橿原神宮前駅

近鉄で行けるもう一つの神宮といえば橿原神宮。京都と大阪阿部野橋という二つのターミナルから直行できる。

近鉄の京都駅は、東海道新幹線の京都駅から至近距離にあるので、東京からだと利用しやすい。特急電車の橿原神宮前行きは、昼間だと30分ごとに発車していて便利だ。最近はネット予約もできるので、新幹線の車内で席を決めておけば、京都駅に到着してから慌ただしく指定券を買う手間も省ける。乗車券もＳｕｉｃａやＰＡＳＭＯといった交通系ＩＣカードを改札口でかざすだけ。便利になったものだ。

京都駅を発車すると、大和西大寺駅、大和八木駅を経て、55分前後で橿原神宮前駅に到着する。ほどよい乗車時間だ。大阪阿部野橋駅からやってくる南大阪線と京都からやってきた電車が到着する橿原線のホームはV字形に交わる。どちらも少しだけ離れた位置にあり、その間にコンコースが広がりメインの改札口がある。

ところで、橿原線と南大阪線では線路幅が異なる。すなわち、橿原線の1435ミリ（標準軌）に対し南大阪線はJRの在来線と同じ1067ミリ（狭軌）なのだ。したがって、双方の路線を直通することはできない。それゆえホームが離れているともいえるのだが、実は橿原線の1番線ホームの反対側の番号が付いていない線路は狭軌であり、その付近には狭軌と標準軌を組み合わせた4線や3線軌条《レール》が敷いてあり、ややこしいことになっている。

この線路は、南大阪線から続く吉野線から分岐してきた線路で、狭軌の車両を標準軌の路線の沿線にある車両工場へ移送するために、台車を履き替える作業場があるためだ。JR九州では暗礁に乗り上げてしまったフリーゲージ・トレインを近鉄で実用化しようとする構想もあるようで、その場合、ここ橿原神宮前駅が軌間変換の重要な拠点駅となるであろう。

さて、中央改札口へ向かう。天井が高く広々としたコンコースは荘厳な感じが漂

橿原神宮前駅

橿原神宮前駅内部

う。神武天皇即位2600年を祝った記念行事に合わせて1940（昭和15）年に完成した駅舎は、初代新歌舞伎座の設計で知られる村野藤吾氏の手によるものだ。

　直線的でありながら、装飾があちこちに見られ、独特の雰囲気を持つ。表に出て振り返ると、急角度の大きな屋根が目の前に迫まる。一見すると異様な形にも思えるが、奈良の古い民家によくある大和棟をモチーフにしたとのことであり、橿原神宮の本殿などの建物の形をイメージしている。

　この駅も宇治山田駅同様、貴賓室が設置されている。令和になってからも、京都駅から橿原神宮前駅までのお召列車が「しまかぜ」を使用して運転された。

　せっかくなので、橿原神宮に参拝した。帰りは、別の道を歩いて、伝承による神武天皇陵と多くの遺跡から発掘された土器などを展示してある橿原考古学研究所附属博物館に立ち寄ったあと、近鉄橿原線の畝傍《うねび》御陵前駅に出た。

　この駅は橿原神宮前駅の一つ北寄りの駅であり、特急は通過で、普通と急行のみ停車する。橿原神宮前駅そっくりの駅舎が建っているが、駅の規模に合わせてコンパクトな造りだ。もっとも、駅業務はこの建物内では行われておらず、改札口へは

畝傍御陵前駅

階段を降りて地下へ向かう。平日の昼間だったせいか閑散としていて、ホームには誰もいなかった。橿原線に1駅だけ乗って橿原神宮前駅に行き、南大阪線の特急で大阪阿部野橋駅に向かった。

1日3往復しか発着しない長門本山駅

山口県を走る山陽本線の新山口駅と宇部駅、小野田駅をつなぐバイパス的な路線がJR宇部線と小野田線である。どちらも第二次世界大戦中に、私鉄だった路線が買収されて国鉄の路線となったもので、古くからの電化区間だ。

かつては茶色の「旧型国電」が走っていた

路線で、沿線には工場地帯もあり、貨物輸送が盛んだった。それゆえ、首都圏の鶴見線と共通点が多くあり、遠くにありながらも親しみが持てる。もっとも、現在の状況は、完全なローカル線であり、貨物列車が走らなくなってからかなりの月日が流れてしまった。1両ないし2両の古びた電車が、思い出したような間隔でコトコトと走っていて、あまり景気がいいようには思えない。

その中に、小野田線の雀田《すずめだ》駅から分岐している本山支線という路線がある。何と1日の運行本数が、朝2往復、夕方1往復という極限まで切り詰められた支線なのだ。どんなところか行ってみたくなり、少し前に訪問してみた。

小野田線は、宇部新川駅の一つ先の居能《いのう》駅から分岐するのであるが、電車は宇部新川駅が始発となっている。というわけで、ミニトリップの始発駅は宇部新川駅である。

小野田線は、宇部線に比べて利用客が少ないようで、本数は全線を通して走る電車が1日9往復しかない。しかも、ほとんどの列車は、クモハ123という荷物電車を改造した1両だけの運転（単行）だ。電化をやめてディーゼルカーにした方が

雀田駅

効率がよいかもしれない。

発車時刻になると、満席に近い状態で出発。居能から分岐して小野田線へと進んだ。間もなく、厚東川《ことう》を渡る。河口に近いこともあって水を満々と湛えているので、海を横切っているように思える。トラス橋のような覆いがないので、見晴らしはよいけれど、強風に煽られたら鉄橋から落ちないかと心配になる。もっとも、荷物電車を改造した車両で窓は小さく、しかもロングシートだから車窓ははなはだ見にくい。

田園地帯を走り、3つ目の駅が雀田。今回の旅の目的である長門本山駅へ向かう電車の乗換駅だ。ホームの反対側には、すでに長門本山行きが停まっていた。同じクモハ123形だ。乗り遅れたら大変と急いで乗り換えたのだが、発車まで3分ほど余裕があった。それと座る席がなくなるほどの混み方ではない。息せき切って乗り込んだのだが、呼吸を整えて落ち着いた頃、電車はおもむろに発車した。

小野田へ向かう本線が右へカーブしていて、本山支線は線路がまっすぐに延びている。本線と支線の関係が逆転している線路関係である。電車は林の中を抜け、まわりが開けてくると田園地帯の真っただ中だ。意外に民家が多い。唯一の中間駅である浜河内《はまごうち》に停車した後、さらに2分ほど走って終点の長門本山。雀田駅からでも5分とあっけないミニトリップだった。

長門本山駅は単線の線路の片側に短いホームが1本あるだけの簡素な終着駅だ。狭いホームに屋根はなく、ホームの真ん中あたりから外にはみ出るように屋根付きの簡素な待合室があった。駅舎も改札口もない小さな無人駅である。運転士さんにきっぷを見せ、記念に持ち帰る許可をもらって下車した。ホームが途切れるところに車止めがあって、線路も途切れている。

長門本山駅に停車中のクモハ123

その先は道路が行く手を阻んでいて、横切ると金網の向こうは海だった。海の彼方に見える陸地は北九州のようだ。1日に3往復しか電車が発着しないので、どんなに寂れて無人の荒野が広がるだけの場所かと思っていたが、意外に平凡な住宅地だ。むしろ、列車本数の少なさに驚いてしまうのだが、バスやクルマがあるので不便に思っている人はいないのであろう。鉄道が無視されているのが逆に哀しい。折り返し時間は20分もあったので、色々な角度から駅と電車を撮影し、道路を渡って周防灘の海を眺めたりした。駅にトイレはなかったけれど、1両だけの電車内にトイレがあったので、そこで用を足せばよいので不便ではない。

数人いた乗客の半分は地元の人のようで散らばっていき、私を含め３人ほどが帰りの電車に乗車した。この駅を訪問するのが目的の同好の士だった。

僅かばかりの乗客を乗せた帰りの電車が発車すると、地元の母子が線路際で追いかけるように見送っていた。手を振ったので、振り返したら男の子は笑みを浮かべて、また手を振った。電車が好きなようだが、ふらりと思い立ったときに電車に乗れる状況ではない。本数があまりにも少なすぎる。あの子は、この支線に乗ったことがあるのだろうか。何とも不思議な路線を往復しながら、そんなことを考えた。

非電化のままの徳島駅

県庁所在地というのは都会であるから、その中心にある駅はターミナルであることがほとんどだ。そして、幹線が乗り入れているので、21世紀の現在、電化されているのが「常識」であろう。

ところが、何事にも例外があり、電化されていない、つまり構内に架線が張られていない駅がいくつかある。面白いことに、いずれも西日本にあり、列挙すると、鳥取駅、徳島駅、高知駅、山口駅の四つだ。

鳥取駅と高知駅は、大改修されて近代的な高架駅に生まれ変わった。山口駅は山口市が周辺の市町村を合併したことで、山陽新幹線が停車する小郡駅が市内に含まれるようになり、新山口駅と改名したため、こちらが県庁所在地の中心駅となったかのようである。したがって、昔ながらの駅というのは徳島駅だけになる。

さらに、高知駅は駅前に電化された路面電車が乗り入れているし、鳥取駅は非電化のままであるが、県西部の米子駅には電化された伯備線が乗り入れ、この駅から出雲市駅の先までが電化されている。ということは、県内全域にわたって電化された路線が皆無なのは、徳島県だけで、全国47都道府県のうち、「電車」が走っていない唯一の県でもある（沖縄県には電気が動力のモノレールがある）。

そんな徳島駅は、駅舎だけはホテルが入ったビルを兼ねているので、堂々たるものだ。これだけ見ていると、「昭和」の面影はどこにもない。けれども、自動化されていない改札口からホームに入ると、そこは昭和の国鉄時代を彷彿とさせる造り

徳島駅の駅ビルは近代的

徳島駅は旧国鉄の配置を踏襲

になっている。

その当時の駅は、改札口と直結するホームがあり、線路2、3本向こうに島式のホームがあるのが定石だった。都合、3本の列車が同時に駅に停車することができる。徳島駅の場合は、改札口と直結しているホームを左へ進むと短い切り欠きホームがある。ローカルな短編成の普通列車専用の乗り場で、これが1番線だ。したがって、本来なら1番線と名乗ってもおかしくないメインのホームが2番線と呼ばれ、もっぱら高松と徳島を結ぶ高徳線の特急「うずしお」が発着する。

2番線の対岸が3番線で、同じホームの向こう側の線路が4番線だ。徳島駅には、高徳線のほか、阿波池田へ向かう徳島線、南へ延びる牟岐線、それと高徳線を少し進んだところにある池谷駅より分岐する鳴門線の列車も乗り入れてくる。決して多くはないホームで四つの路線の列車をさばいているので、見た目は忙しそうだ。乗降客数は、JR四国の駅の中では高松に次いで2番目とのこと。松山よりも多いとは意外である。

2番線ホームから跨線橋を上り下りして3番線と4番線のホームに行く。4番線

ホテルの部屋から俯瞰した徳島駅構内

ホームの外側には車両基地があって、何本もの線路が敷かれ、バラエティに富んだディーゼルカーが休んでいる。かつては、どこのターミナル駅にも併設して車両基地があったものだったが、駅を近代化して高架するとともに車両基地は市街地を外れた郊外へと移っていった。同じ四国の高知駅も高架になる前は、駅に併設して車両基地（高知運転所）があったのだが、駅の高架化とともに三つ高松寄りの布師田《ぬのしだ》駅付近に移転した。

というわけで、ターミナル駅のホームから間近に車両基地を望めるというのは、今や貴重なことである。さらに、駅ビル内にあるホテルでは、線路側の部屋に泊まれば、窓から車両基地がよく見下ろせるのだ。トレインビューのホテル、鉄道ファンなら嬉しいことこの上ない。

徳島駅から西の方へ延びる線路は2本、一見すると複線に見える。しかし、実際は、次の佐古駅まで高徳線と徳島線が並走しているのであって、これを単線並列という。徳島駅から見て、左側が徳島線、右側が高徳線だ。したがって、高徳線の高松方面へ向かう列車は2本の線路の右側を走行することになり、一見すると右側通行をしているように思える。徳島線の列車で徳島駅へ向かう列車も同様に右側通行しているように感じられるであろう。

高徳線の特急「うずしお」は、早朝から夜の10時台まで1時間に1本の頻度で走り、1日下り17本、上り16本。ディーゼル特急としては、日本で一番本数が多い。もっとも、列車編成は短く、朝、徳島から高松へ向かう「うずしお4号」の5両編成をのぞくと、すべて2両ないし3両編成だ。

徳島線の特急「剣山《つるぎさん》」は、阿波池田行きが1日に6本、徳島行きが5本の運転で、ほぼ2両編成。昼間の1往復は、こどもの遊び場を車内に設けた「ゆうゆうアンパンマンカー」を連結するときに3両編成となる。「藍よしのがわトロッコ」とともに、徳島駅に発着する数少ない観光列車だ。

以上のように、短い編成のディーゼルカーが頻繁に発着する徳島駅は、今や貴重な国鉄時代の雰囲気を残すターミナルである。しかし、高架化の構想があるようだ。まだまだ時間はかかりそうだが、永遠に現状のスタイルが残るわけではない。シニア世代には懐かしい雰囲気の都会の駅。思い立って、早めに訪問しておきたい駅旅情を味わえる場所の一つである。

水戸岡鋭治がデザインした九州の駅

ＪＲ鹿児島本線の宇土《うと》駅から分岐するローカル線三角《みすみ》線の終着駅となる三角駅。行き止まりのいわゆる「盲腸線」だが、かつては三角駅からフェリーに乗り継いで天草へ向かう観光の拠点として賑わった。しかし、天草五橋の完成により、クルマで簡単に天草に行けるようになると、列車とフェリーで天草に向かうというルートはすっかり時代遅れのものとなってしまった。

三角駅の駅舎

だが、2011(平成23)年の秋から観光特急(「D&S列車」)「A列車で行こう」の運転が始まると、昔ながらの列車プラス船という行程が復活し、なかなかの人気となっている。これに伴い、三角駅がリニューアルされた。担当したのは、列車とフェリーのデザインと同じく水戸岡鋭治氏。氏らしい個性的な造りとなった。

熊本駅から直通の特急「A列車で行こう」を降りると、ホームと直接つながった改札口を通り抜ける。ここは、自動改札機も何もなく、横にスライドさせる引き戸で、列車到着時には半分開いたままだ。

それでは初めての訪問者にはよくわからな

三角駅の改札口

いと思ったのか、大きなのれんが吊るされ、大きく「改札口」と書いてある。英語のGATEや、中国語、ハングル文字の表記が加えてあるのは、現在の様式だ。こののれんは、よほど水戸岡氏が気に入ったと見え、人吉駅など彼がデザインした各地のローカル駅ではお馴染みのものになっている。

　小ぢんまりとした駅舎内は、木目調のダークブラウンの壁で囲まれている。水戸岡氏が描いた刺繡柄の絵が飾られ、彼が手掛けた列車内ではおなじみの椅子がベンチとして置かれている。クリーム色の明るい天井は、格子状に細かく区分けされ、それぞれに円形のイラストが描かれている。外に出て振り返ると、

三角から天草へ向かうフェリー

クリーム色の壁と赤茶色の屋根のコントラストが美しく、アクセントのように小さな尖塔が聳《そび》え、その上には十字架がある。全体の雰囲気は南蛮風味の天草をイメージしたものだ。

駅前の通りを横切ると、そこはもう海。天草へ向かうフェリーが発着する港である。ひときわ目立つのは、海のピラミッドと名づけられた円錐状の建物。フェリー乗り場の待合室として造られたようだが、航路が一旦は廃止されたので、あまり流行っていないようだ。天草へ向かうフェリーが復活されたとはいえ、A列車とフェリーの接続が絶妙なので、待合室のお世話になることもなさそうではある。

ちなみに、フェリーの内装も水戸岡氏が手掛

隼人駅

け、船内ではジャズのナンバー「A列車で行こう」がBGMとして流れるなど、列車と一体化している。

水戸岡氏が手掛けた駅はほかにもある。富士急行の下吉田駅も有名だが、九州内の駅が断然多い。鹿児島中央駅や熊本駅といったターミナル駅ではなく、三角駅のような小さなローカル線の駅を三つほど紹介しておこう。

鹿児島県内にある日豊本線の隼人駅《はやと》。肥薩線への乗換駅でもある。駅舎の壁一面に地元産の唐竹を格子状に張っている。そのため、印象が大きく変わった。駅舎入り口前にあるタクシー乗り場の小さな屋根も内側に竹を張ったことで、アクセントになるとともに駅舎

西戸崎駅

とマッチして統一感が生まれたようだ。

　また、駅舎の屋根上にある看板の隼人駅という文字の前にある記号のようなものは島津家の家紋だ。こうしたことにこだわるのは水戸岡流である。このリニューアルは、2004（平成16）年の観光列車「はやとの風」の運行開始に合わせて行われたものだ。

　福岡市近郊を走る香椎線。その西側の終着駅西戸崎《さいとざき》駅も、20年以上も前のことではあるけれど、水戸岡鋭治氏によって、興味深いリニューアルが行われた。

　この駅の一つ手前の海ノ中道駅周辺はシーサイドリゾートであり、公園やホテルもある。それで、西戸崎駅もマリンリゾートを意識して、ヨットをイメージした駅舎としている。小さい建物ではあるが、ドーム状の天井にガラスとマルチポールを使い、海を連想させるお洒落な空間を作り上げた。

博多駅から香椎駅乗り換えで40分ほどの距離（乗り換え時間や列車待ち時間を含めて）なので、通勤圏でもあり、駅前にはマンションが林立している。また、2019（平成31）年から蓄電池で走行する電車（DENCHA）が投入され、架線が張られていない非電化区間ながら排気ガスや油のにおいがするディーゼルカーは一掃され、近代的な路線に変貌した。

マリンスポーツやリゾートに縁がなくても、古代史で有名な金印が発掘された志賀島へのバスが駅前から出ているので、ゆかりの地を訪れるのも一興であろう。

同じ香椎線を戻り、香椎駅からさらに内陸部に進むと、須恵駅に着く（香椎駅からは18分）。小さな無人駅ではあるが、コンクリート屋根のモダンな駅舎がひときわ目立つ。壁は、ほとんどがガラス張りで、線路や列車に気づかなければ駅とは思わないであろう。昼間は閑散としていて列車の発着時以外はひと気がないけれど、そうした寂しい駅をも惜しげもなく斬新なデザインを施した駅舎にリニューアルす

須恵駅

るのは大したものである。この駅も西戸崎駅と同じく水戸岡鋭治氏の手になる。

寂しいとはいっても、列車本数は、昼間は30分に1本、朝夕のラッシュ時は1時間に3本あるので、秘境駅のようなことはない。考えてみれば、ここは福岡空港の裏側に位置する。駅前にあるタクシー営業所からなら15分ほどで空港へ行ける距離なのだ。

香椎線の二つの駅は、観光地の駅のように多くの人が殺到するような場所ではない。須恵駅など地元の人以外で乗り降りする人はあまりいないであろう。だからこそ、洒落たデザインの駅舎を見つけると楽しくなってしまう。駅めぐりも鉄道趣味の1ジャンルなのだ。

第3章　廃線跡を散策する

鉄道の廃線跡を散策するのが静かなブームだ。しかし、山中の道なき道や獣道をたどることもあり、転落の危険性やクマなどの猛獣に遭遇するリスクも多々ある。散策というよりは探検といってもいいだろう。

このように、廃線跡散策というのは、気楽な初心者にはハードルが高いジャンルではあるけれど、意外に街中や観光地にも廃線跡は存在する。そこで、この章では、そうした初心者向きの廃線跡散策コースをいくつか紹介しよう。

小樽市内の旧手宮線廃線跡

ＪＲ小樽駅前から、観光客であれば誰もが訪問する運河の方に向かって中央通りのゆるやかな坂を下っていくと、踏切がある。「一旦停止の必要はありません」という大きな標識が立っていて、「旧手宮《てみや》線（歴史的遺産）」と付記されている。ここから南北に延びている単線の線路が旧国鉄手宮線の廃線跡で遊歩道として整備されているのだ。

旧手宮線は、北海道最初の鉄道の一部として、１８８０（明治13）年に開業した。

旧手宮線廃線跡

内陸部にある幌内で採掘された石炭を小樽の港まで輸送するために建設されたのだ。その後、函館本線が南小樽駅から今の小樽駅を経て函館方面とつながったので、南小樽と手宮の間2キロメートルあまりが手宮線となった。しかし、旅客は函館本線に流れ、手宮線は貨物専用線として細々と残ったものの1985（昭和60）年に廃止された。ただし由緒ある路線なので、市街地を走っていたにもかかわらず、大半の線路が残され、遊歩道として整備されている。したがって、極めて気楽に散策できる廃線跡なのだ。

中央通りの踏切付近は常時観光客がたむ

色内駅

ろしている。ガイドブックにも掲載されている「名所」だからであろう。列車が走らないのがわかっているので、線路をまたいで記念写真を撮る若い女性が多い。案内看板や花壇もあり、インスタ映えもするようだ。

しかし、線路に沿って少し歩いていくと、人の姿は激減し、本来の廃線跡らしい侘しさが漂い始める。

小樽駅を背にして右手、つまり南の方に進むと数分で小樽美術館の脇に出る。ホームの跡らしきものが残っていて、簡素な駅舎もある。手宮線で唯一の中間駅だった色内駅だ。ただし、駅舎は2011（平成23）年に、遊歩道の休憩所として復元されたものである。

北側には木造の飲み屋らしきものが2、3軒あり、昭和の雰囲気が濃厚だ。

この先、寿司屋通りと交差するところまでが廃線跡の遊歩道である。旧手宮線は寿司屋通りと立体交差していたのだが、陸橋は撤去され橋脚のみが残っている。通りの向こう側は未整備で立ち入ることはできない。

再び中央通りとの踏切跡に戻り、今度は北側に進んでみる。こちら側も中央通りから離れるにしたがって廃線跡をたどる観光客の姿は減っていく。ツタのからまる建物や、訪れたのが秋だったので紅葉し始めた木の下にある木製の四角いベンチなど、魅力的なプロムナードとなっていた。かくも魅力的な雰囲気なのに、人影がまばらなのはもったいない。やがて線路は複線となり、さらに幾重にも分岐し駅らしくなってくると終点手宮駅を利用した小樽市総合博物館の南端に到着する。

突然、汽笛が響くので驚く。空耳ではなく本物の機関車のものだ。小走りに近づくと、柵の向こうでは、赤く塗られたアメリカン・スタイルの蒸気機関車が転車台に載って回転していた。旧手宮駅の駅舎を利用した博物館の出入り口でチケットを購入して急いで館内へ入る。

転車台は、かつて大型蒸気機関車C62形などの基地でもあった小樽築港機関区から移設された歴史的価値があるものだ。目の前で動いている赤い蒸気機関車は、アメリカ・ペンシルベニア州ピッツバーグにあったH・K・ポーター社で、1909年に製造された由緒ある機関車だ。

現在は「アイアンホース号」の愛称で館内を動き回っている。間もなく、停車中の客車3両に連結され、「手宮駅」と表示されたホームから乗車すると汽笛一声、発車した。

SL列車の車内からは、館内に野外展示してある様々な車両を眺めることができる。もっぱら北海道で活躍した鉄道車両が目につく。200メートルほどの距離をゆっくり走って「中央駅」に到着。ホームの先端に移動すると、客車を切り離した機関車は、館内にもう一つある転車台に載ってゆっくりと回転する。廃線跡散策の最後が「汽車旅」とは意外だった。

転車台を取り囲むように建っている扇形庫は、1885(明治18)年竣工の日本最古の機関庫だ。二つの機関庫、転車台いずれも、重要文化財になっていて、貴重

小樽市総合博物館のSL「アイアンホース号」

なものである。

北海道ゆかりの屋外展示車両の数々も歴史的車両ばかりだが、屋内に展示されている「しづか号」は「アイアンホース号」に似たタイプのアメリカン・スタイルが特徴で、ほかの博物館に展示されている「弁慶号」「義経号」とともに北海道を代表する歴史的な蒸気機関車となっている。

旧手宮線の廃線跡散策は、小樽市総合博物館への訪問と組み合わせて楽しむとよいだろう。

横浜の臨港線跡をたどる

週末のJR桜木町駅前は賑わっていた。周

りにはビルが立ち並び、ひときわ目立つのがランドマークタワーだ。しかし、40年ほど前、ここには線路が何本も敷かれ、東横浜駅という貨物専用の駅があった。駅前を行きかう人々の中で、このことを知っている人はどのくらいいるのだろうか。

私は、全盛期の頃の様子は知らないけれど、1980（昭和55）年6月、3日間限定でイベントのSL列車が走ったことだけは記憶にある。カメラ片手に見物に行ったのだ。SLは前年に復活した「SLやまぐち号」の牽引用にC57形1号機とともに整備されたC58形1号機。数年後、早々と引退し、現在は、京都鉄道博物館で静態保存されている。

このSL列車が走ったのが横浜の臨港線である。しかしその数年後、1986（昭和61）年に廃止されてしまった。現在、「汽車道」という遊歩道になっていて、廃線跡をたどることができる。

帆船「日本丸」が展示されている近くから湾を横断して、赤レンガ倉庫へ行く近道として多くの人に利用されている「汽車道」は、板張りの歩行者用通路だ。その左側には線路が埋め込まれている。元は複線だったのだが、輸送量の減少に伴い単

汽車道

線化。今の遊歩道は、その名残である。湾を渡る三つの鉄橋があり、港一号橋梁、港二号橋梁、港三号橋梁と続く。

港一号橋梁は、1909（明治42）年に当時の鉄道院によって架けられたもので、メインはアメリカン・ブリッジ・カンパニーによって1907（明治40）年に製作されたクーパー型トラス橋である。

このトラス橋は、次の港二号橋梁と同じ形だ。港三号橋梁は、上空を覆うタイプではなく、鉄橋の脇にそそり立つ壁のようなポニー形ワーレン・トラス橋というもので、かつて北海道の夕張川橋梁として使われ、その後、移設されて大岡川橋梁の一部として使われたものを、再度ここに移設したものである。一号、二号橋梁と異なりイギリス製のトラス橋だ。

「汽車道」の先には、「ナビオス横浜」という宿泊施設の建物が立ちはだかってい る。しかし、3階くらいまでがくり抜かれ、トンネルのように突き抜けていくことができる。よもや、線路が復活したときに列車が通れるように配慮したのではあるまいが、ちょっと嬉しい気分で建物の真下を通り抜ける。しかし、その先の交差点の手前で線路は途切れていた。交差点を渡ると、有名な赤レンガ倉庫が見えてくる。再び、ところどころに線路跡があり、赤レンガ倉庫前の歩道にも線路跡が残っているのは嬉しい。しかも複線だ。

赤レンガ倉庫の脇を通り、ゆるやかにカーブした線路をたどっていくと、屋根の付いたホームがぽつんと見えてくる。

説明板があり、旧横浜港駅プラットホームとある。さらに説明を読むと、東京駅から「汽船連絡列車」、通称「ボートトレイン」が乗り入れていたとある。海外渡航が客船利用であった時代のアクセス列車で、今だったら成田エクスプレスや東京

旧横浜港駅プラットホーム

モノレールみたいな役割を果たしていたのだろう。赤レンガパークの休憩所として再利用するため、傷んでいた上屋は新材料を使って復元したとのことだ。何も知らない若者たちは、鉄道遺産でもあるホームをベンチ替わりにしてスマホに見入っていた。

前述した、SLイベント列車は、横浜港駅へは行かないで、赤レンガ倉庫手前で分岐して、山下公園の方へ向かって進んだ。

横浜港大桟橋のたもとを横切り、山下公園の道路側を高架で走り抜けた。山下公園の手前までの高架橋は遺構として残り、「山下臨港線プロムナード」となっている。見晴らしの良い展望遊歩道として人気ある散歩道だ。

山下臨港線プロムナード

やがて下り勾配で地上に降り、山下埠頭がイベント列車の終点だった。

臨港線は、1986(昭和61)年に廃止されたけれど、線路はそのまま残り、1989(平成元)年の横浜博覧会で再利用された。汽車道の起点近くに造られた日本丸駅から氷川丸付近に設置された山下公園駅まで、シャトル列車が運行されたのだ。

そのときは、SL列車ではなくレトロ風ディーゼルカーの2両編成。半年にわたる会期中走っていた。終了後は、三陸鉄道に譲渡され、15年ほど活躍した後、引退、海を越えてミャンマーに無償譲渡されたとのことである。会期終了後、とうとう臨港線を列車が走ることはなくなり、現在の「汽車道」と「山下臨港線プロムナード」が誕生するのである。

横浜の臨港線の遺構は、山間部の秘境的なものと異なり、身近な散歩道として多くの人に親しまれている。とりわけ「汽車道」の鉄橋が、貴重な鉄道遺産として大切に保存されているのは喜ばしい限りだと思う。

また、２０２１（令和３）年４月には、桜木町駅前から「汽車道」に並走するように、上空にＹＯＫＯＨＡＭＡ ＡＩＲ ＣＡＢＩＮというロープウェイが開業した。高いところから廃線跡を眺めるのも面白い趣向だと思う。

国鉄相模線寒川支線の廃線跡

ＪＲ東海道本線の茅ヶ崎駅と、ＪＲ横浜線の橋本駅を結ぶ単線の路線が相模線である。今でこそ、４両編成の電車が行きかっているけれど、ＪＲ東日本の路線になってからの１９９１（平成３）年にようやく電化された。首都圏の路線としては、かなり遅くまで非電化でディーゼルカーがのどかに走る路線だった。

茅ヶ崎駅から相模線に乗ると、三つ目が寒川駅。かつて、ここからは、わずか

1・5キロメートルの支線が延びていた。国鉄時代の1984（昭和59）年3月末に廃止された通称「寒川支線」である。この支線は、相模川の砂利を採取するために敷かれた。旅客列車も走っていたが、終点の西寒川駅周辺にあった工場への通勤客が主体で、1984年の廃止時は、朝1往復、夕方3往復しか走っていなかった。工場への通勤客輸送に限定した路線であり、地元民の役に立っていたとは思えない。それゆえ、目立たず静かに消えていった。

寒川支線が廃止されてから35年以上にもなるので、当時のことを覚えている人は多くないだろう。けれど、廃止となった路線のかなりの部分が遊歩道として整備されているので、寒川駅から西寒川駅まで廃線跡をたどることができる。

まずは寒川駅で降りる。島式ホーム（ホームの両面を列車が発着する）の南側、下り線の脇には、線路がもう1本敷けるくらいの空き地があり、橋本方面へ続いている。これが寒川支線の跡地だ。橋上駅舎から南口へ降り、橋本方面へ向かって線路沿いの道を歩いていく。

しばらくすると、相模線の単線の線路の手前に生い茂っている雑草が増え、柵が

一之宮公園の相模線寒川支線廃線跡

ゆるやかに左へカーブしていく。かつて線路があった名残なのは、廃線跡をいくつかめぐっていると感覚的にわかる。クルマが1台通れるくらいの未舗装の道をたどっていくと、車道と交差する。交差点を渡った目の前にゲート広場という小さな空き地があった。

そこには木製の道しるべが立っている。そのうち一之宮公園と書いてある方を見ると、遊歩道がその先へ延びていた。単線の線路跡を利用したことは、道幅で一目瞭然だ。少し歩いていくと、道路と交差するところには柵があり、オートバイや軽自動車が進入できないようになっている。さらに進むと、右手にはピンクの壁や遊具が置かれた幼稚園がある。

駅名標風の案内板

休日だったので園児の姿はなく、静まり返っていた。

どんどん歩いていくと、突然、踏切のように舗装に線路が埋め込まれたところに着く。ポッンと1対の車輪が線路上にある。転がらないように固定されていて、モニュメントのようだ。寒川支線を走っていたディーゼルカーの車輪かもしれない。その少し先は、一之宮公園の中になる。100メートル以上の長さで線路が保存されていて、公園の右端に敷かれている。列車本数の少ないローカル線のように思える。線路に沿って遊歩道は広がり、木立の下にはベンチもある。犬を連れた人やのんびり散歩している老人の姿も目に留まる。

駅名標が立っていて、「いちのみやこうえん、一之宮公園、ICHINOMIYA-KOEN」と本格的なものだ。寒川駅方面は「げーとひろば」、この先は「はっかくひろば」と書いてある。

線路に戻ると、枕木に寝そべっている猫がいた。公園内のほかの場所にも猫が何匹かたむろしている。野良猫が増えて困っているという立て札もあるので、猫の姿は必ずしも喜ばれているわけではなさそうだ。

先ほどと別の場所にも、鉄道車両の車輪が線路上に置いてあった。線路脇には大きな木があったけれど、線路ぎりぎりのところに立っているので、列車が通れる状況ではない。おそらく廃線後に遊歩道として整備したときに植えられたのではないだろうか。

一之宮公園を過ぎると、再び線路のない遊歩道となる。道幅も狭くなり、単線の線路をたどっている気分が戻ってきた。

「四季の小径」と呼ばれる区間を過ぎると、別の広場に出る。八角形の噴水があったけれど、水はない。八角広場という名称は、この噴水に由来するのだろう。晩秋

寒川支線跡と車輪のモニュメント

だったので水は涸れ、ひと気がなく静まり返っていた。その向こうには、線路が見えたけれど、ここの線路は数メートルしか延びていない。片側に植えられた木立で覆われ、線路を歩ける状態ではなかった。線路が途切れた先には石碑が立っている。「旧国鉄西寒川駅」、その下には、「相模海軍工廠跡」とあった。

歴史をたどると、このあたりでは毒ガスなどの製造が行われていたようだ。相模川の砂利、化学兵器、そして工場団地への通勤輸送。寒川支線は、短いけれど貨物輸送になくてはならない路線であった。寒川駅で相模線の本線と合流して、茅ケ崎駅、そして全国へと貨物列車が走っていたのだろう。しかし、時代の流れの中で、使命を終え、消えていったのである。

西寒川駅跡から、少し歩くと圏央道の下をくぐって、土手に出る。上ると、小さな川が流れていて、しばらく歩いていくと、相模川の本流と一緒になる。とうの昔に砂利の採取は禁止され、付近にできた工場群も輸送はトラックに切り替わり、鉄道に代わって圏央道がメインルートになっている。時代は確実に変わってしまったのだ。

再び緑道を歩いてゲート広場まで戻る。ここで相模線の踏切を渡ると、寒川神社の参道が見えたので、せっかくだからお参りしていくことにした。結構距離はあったけれど、訪れた日は11月初旬だったので、七五三を祝う家族連れで賑わっていた。すぐ近くなのに、寒川支線廃線跡の静けさが嘘のような人出だった。

帰りは、寒川駅へ戻るよりも、隣の宮山駅が近いとのことで、神社の人に道を訊いて向かった。無人駅でホームは１面のみ。簡素な駅だったけれど、寒川駅よりも賑わっていた。

大勢の人が訪れる寒川神社の近くにありながら、あまり知られているとは言えない寒川支線廃線跡を整備した一之宮緑道。ゆっくり歩いても片道20分はかからないので、気軽に廃線跡を楽しめる散歩道だ。寒川神社に出かけるついでに訪問してみるのがいいかもしれない。

小田急沿線の廃線跡めぐり

小田急線は、下北沢付近（東京都世田谷区）の住宅や商店などの密集地帯を縫うように走っていた。開かずの踏切も多く問題化していたが、2018（平成30）年3月、計画から半世紀かかってやっと代々木上原〜登戸間の複々線化工事が完成、最後の難関だった下北沢周辺は地下二層化によって開業した。

これにより空き地となった東北沢駅付近から世田谷代田駅付近までの1・7キロメートルの地上区間は、「下北線路街」として再開発が進行中である。東京に新たに誕生した、この廃線跡を探訪してみよう。

まずは地下に潜った東北沢駅（東京都世田谷区）で下車。地下ホームから地上に出ると、東口にあるまだ真新しい駅前ロータリーが目につく。そこを新宿寄りに戻

東北沢付近の下北線路街

るように進み、交通量の多い都道を渡ると、小さな公園がある。その東寄りに見晴らし台のようなスポットがあり、新宿方面から延びてくる小田急線の電車が真下へ潜る様子が観察できる。ちょっと写真は撮りにくいけれど、ここから地上の廃線跡が始まるのだ。
一旦、東北沢駅に戻り、北側の脇を進むと、駅西口に出て「下北線路街」が始まる。人がゆったりとすれ違えるくらいの幅で、時折自転車も駆け抜ける。ところどころにはベンチがあり、仕切りにレールを輪切りにした文鎮のようなものが置かれている。鉄道の名残を感じさせ、廃線跡らしくてよい。右手には、ホテル、カフェ、商業施設が並ぶ。

その先には、立ち入り禁止の空き地があるので迂回して下北沢駅前へ。広々とした空間は、イベントやマーケットを催す場所として活用するためのようだ。活気あふれる下北沢にふさわしい。地下に潜った駅の真上2階には「シモキタエキウエ」という商業施設がある。カフェや飲食店、雑貨店など雑多な店舗が入っているものの、広々とした真新しい空間のためか、どこか上品な感じがする。

さらに進もうとすると、工事中になっている。廃線跡を離れ、迂回して世田谷代田駅を目指す。しばらく歩き、鎌倉通りを渡ったところから再び遊歩道が始まる。今度は公園や保育園があったりと雰囲気が変わり、その先でゆるやかにカーブすると緑豊かな別世界のようなエリアが現れる。

左手に高級そうな和風の建物がある。よくみると温泉旅館だ。何でも箱根から湯を運んでいるとのこと。割烹・茶寮もあり、都心とは思えない雰囲気づくりに惹かれる。日帰り入浴もできるそうで、コロナ禍が落ち着いたら、のんびり時間を過ごしたい。すぐ脇にある世田谷代田駅の裏口のような改札口も、山間部の駅を彷彿とさせ、秀逸な演出だ。

温泉旅館、由縁別邸

しばらく進むと、世田谷代田駅の正面の出入り口が現れ、駅前広場を突っ切って、環七通りを陸橋でまたぎ、テラスハウスの脇を過ぎると庭園がある。庭園の先で小田急線は地上に出て、梅ヶ丘駅に続く。地下化で廃止となった地上区間の散歩は終わりだ。まだ完成はしていないけれど、思った以上に充実した「線路街」だ。

世田谷代田駅から小田急線に乗り、小田原方面に向かう。多摩川を渡り、登戸駅の次の向ヶ丘遊園駅で下車する。

向ヶ丘遊園駅の南口にはロータリーが広がり、その先には駐輪場がある。実は、この駐輪場こそが、2001（平成13）年をもって

モノレール廃線跡を利用した、ばら苑アクセスロード

廃止となった小田急向ヶ丘遊園モノレール線の駅跡地だ。ここから1・1キロメートル先の向ヶ丘遊園正門までモノレールが道路上を走っていたのだ。

　廃止後20年になるので、軌道は影も形もない。少し歩いていくと、二《に》ヶ《か》領《りょう》用水に沿った五ヶ村堀緑地という遊歩道があり、春と秋にはバラが咲き乱れる。2002（平成14）年に閉園となった向ヶ丘遊園の一部がばら苑となっているけれど、そこへのアクセスロードにもなっている。

　その案内板には、この上をモノレールが走っていたと記されていた。のんびり歩いていくと、「藤子・F・不二雄ミュージアム」にたどり着く。そのあたりにモノレールの終点駅があったと思われる。

バラに癒されていると、うっかり見過ごしてしまうけれど、遊歩道の脇には、「小田急電鉄モノレール線橋脚37」をはじめ「小田急電鉄モノレール線橋脚39」「53」「57」という、数字が異なる小さな銘板が何枚も道路に埋め込まれているのを発見した。廃線跡を示す唯一の遺構かもしれない。

向ヶ丘遊園駅に戻り、再び小田急線に乗って新百合ヶ丘駅へ。この駅は１９７４（昭和49）年に開業した比較的新しい駅で、多摩ニュータウンへ向かう多摩線との分岐駅として新設された。そのとき、この付近のカーブが連続する線形を直すためにショートカットする新線を建設し、その中間に新百合ヶ丘駅を造ったのだ。しかしその後、急激に開発が進んだので、旧線の廃線跡はほとんど痕跡を残していない。

わずかに、多摩線の高架下から本線に合流するあたりの区間が廃線跡と認識できるに過ぎない。新百合ヶ丘駅から町田方面へ向かうと、多摩線の高架橋の下あたりから保線用車両の留置線が本線に合流するように延びている。この保線基地が旧線の一部を再利用したものだ。

小田急多摩線から見下ろした新百合ヶ丘駅付近の旧線跡

旧線跡だと確認するには、多摩線に乗って俯瞰するとよくわかる。とくに多摩センター方面から新百合ヶ丘駅に到着する前、北側にはソーラーパネルが帯状に延びた廃線跡に設置されているのに気づく。

その昔、このあたりを電車で通ったとき、百合ヶ丘駅と柿生《かきお》駅の間は、ずいぶん長かったような記憶がある。半世紀近く前の話だが、何もなかった田園地帯が、あっという間に開発されて賑やかな街となったとは……、変われば変わるものだ。

新百合ヶ丘駅付近の旧線跡は、やや難度が高くマニアックであるが、「下北線路街」と向ヶ丘遊園駅近くの「ばら苑アクセスロ

春海鉄道橋

ード」は、誰もが気持ちよく散策ができる廃線跡だ。この二つはシニアでも楽しめるので広くおススメしたい。

東京ベイエリアの廃線跡と小名木川貨物線をたどる

東京ベイエリアには、かつては貨物専用線が縦横に走っていた。とくに豊洲周辺は工場が集積していたため、多くの貨物線が存在していた。そのほとんどが、再開発に伴い、跡かたもなく姿を消してしまったが、実は廃線跡がいくつか残っている。

その中で目を惹くのが、晴海通りの春海橋に並行して現在も架かっている「春海鉄道橋」だ。線路も敷かれたままであり、赤

豊洲北小学校脇の線路跡

錆が目立つところから「赤橋」とも呼ばれる巨大な鉄道遺構である。

1989（平成元）年に廃止されてから30年以上経つものの、撤去されていないのだ。しかもローゼ橋と呼ばれるアーチ橋で、見とれてしまうほどに麗しい。老朽化が進んでいるが、このまま残し、遊歩道として再活用する構想もある。

春海鉄道橋の東には、高層ビルが林立していて橋から続く線路跡は消えてしまったが、地下鉄有楽町線の豊洲駅手前で晴海通りを左折して、豊洲北小学校に向かうと、学校脇の遊歩道にわずか数メートルだけだが線路跡が埋め込まれている。

豊洲運河鉄橋の橋脚

さきほどの春海鉄道橋を渡ってきた貨物列車が、豊洲埠頭からやってくる深川線という貨物線と合流するあたりと思われる。その遊歩道を進むと豊洲運河に突きあたって行き止まりとなってしまうけれど、かつて、運河に鉄橋が架かっていたことを偲ばせるコンクリートの橋脚が二つ残っている。

運河の対岸の様子を見に行くために、右手にある二つの高層ビルの間を抜けていくと、敷地内に線路の遺構があった。幅が広いので線路そのものではないけれど、貨車の留置線か何かの跡かもしれない。

対岸の線路跡と思われる場所は、駐車場になっていて、線路の遺構は探しても見つからなかった。空想の中で二つの橋脚に鉄橋を渡し線路を先へ延ばしていくと、地下を走っているJR京葉線にぶつかる。

ゆるやかにカーブさせて京葉線と並走させると、京葉線が地上に顔を出すあたりに越中島貨物駅がある。総武線の亀戸駅付近から南下する貨物線の現在の終点である。かつては、豊洲方面から延びてきた東京都港湾局管理の貨物線は、ここで国鉄(現JR)越中島支線(総武線の貨物支線)とつながり、新小岩を経由して千葉方面や常磐線方面へ向かっていたのだ。

越中島支線は、現役の貨物線ではあるが、すでに貨物列車が走ることはない。越中島貨物駅にある東京レールセンターからレールを輸送する工事臨時列車(工臨、線路の保守のために工事現場まで運転)が1日最大3往復走るのみである。

この路線は、永代通り、葛西橋通りという交通量の大きな道路を踏切で越える。列車本数が最大でも1日3往復なので、立体化工事は行われないのであろう。途中で遊歩道をまたぐところがあるが、実は城東電軌、のちの都電の線路跡を利用した散歩道だ。これについては、次項で説明しよう。

小名木川橋梁

越中島支線の途中には、小名木川駅（貨物専用）が存在していた。しかし、２０００（平成12）年に駅は廃止となり、広大な敷地跡はショッピングモール「アリオ北砂」やマンションに変身した。

小名木川駅跡を北上すると、貨物線は小名木川を渡る。現役の路線なので廃線跡ではないものの、橋梁をつぶさに観察していけば鉄道遺産的な見どころが多々あるので、そのまま散策を続けよう。

小名木川橋梁は、１９２９（昭和４）年に架けられたワーレントラス橋で、複線用のスペースがあるものの、片側に線路は敷かれておらず単線である。越中島支線の沿線には将来を見越して複線用のスペースが多々あるのに、結局、使われずに終わっている。線路を活用して、LRTと呼ばれる次世代型路面電車を走らせる構想が報道されたこともあるが、具体的な進展はない。江東区の南北を走る鉄道計画としては、半蔵門線の住吉駅と有楽町線の豊洲駅をつなぐ地下鉄の計画がある。しかし、こちらもまだ着工にいたっていない。

小名木川を渡ると、線路は築堤上を走る。いくつもの道路と立体交差しているけれど、いずれも架道橋の土台（橋台）に煉瓦が用いられている。先の小名木川橋梁の土台も同じく煉瓦が使われている。今では貴重な構造の建造物といえるだろう。

やがて貨物線は、都営新宿線西大島駅近くで新大橋通りを越え、首都高速の下をくぐると、大きく右にカーブして京葉道路を斜めに越えて亀戸駅で総武線に合流、すぐにオーバークロスして快速線の北側を並走して終点の新小岩駅へと向かうのである。このあたりには、都電砂町線の廃線跡を利用した遊歩道がある。

東京下町の路面電車廃線跡

東京都江東区を南北に走っていた都電砂町線。１９７２（昭和47）年11月に、この路線とともにいくつかの都電路線が廃止され、現在も残る荒川線以外の都電はすべて消えてしまった。

そんな都電砂町線の廃線跡は、一部が遊歩道になって残っているので、容易にたどることができる。この路線は、元々は城東電気軌道という私鉄として開業し、１９４２（昭和17）年に当時の東京市電の一路線となっている。都電となって以後、晩年は、38系統と29系統の２種類の電車が走っていた。

これらの電車は、錦糸町方面から京葉道路を東に向かい、亀戸駅前を経て、水神森交差点で右折して専用軌道へと入っていた。ＪＲ亀戸駅は、駅ビルや東武亀戸線への乗換口がある北口は賑わっているけれど、それとは対照的にさびれた東口を出たところに水神森交差点がある。そこを渡ると亀戸緑道公園の入り口があり、この緑道こそが都電砂町線の廃線跡なのだ。そのことは、緑道公園の看板にも記されている。緑道の両側には狭い道が並走していて、都電が走っていた頃は、線路際の道だったのだ。

信号機のある道を二つほど横切ると、首都高速7号小松川線の高架橋が見えてくる。その下をくぐる手前の右手に、鉄道車両の車輪が2対置かれた線路のモニュメントがあった。線路の真ん中に建てられた柱には29系統と38系統の文字が記されている。もちろん、前述したように、ここを走っていた都電の系統番号だ。線路のモニュメントはS字を描いて道路の真ん中に伸びてきて、このあたりの歩道に敷かれている線路と合流する。コンクリート道に敷かれた線路は、まるで今でも都電の線路みたいだ。

首都高速道路は竪川の上に建設されたものだが、この付近は暗渠《あんきょ》になっていて、竪川河川敷公園という区民の憩いの場となっている。都電が走っていた頃は鉄橋だったが、今は人道橋であり、下は公園なので橋という感じではない。欄干にはレリーフがあり、鉄橋を渡る都電のイラストが描かれている。橋を渡り終わったあたりには「橋の記憶」という看板があり、都電が川を渡る写真とともに、橋の歴史を読むことができる。道路に埋め込まれた線路は、このあたりで途切れる。

狭い道を横切ると、散歩道は大島緑道公園と名前を変える。もう線路は影も形も

竪川人道橋付近の都電線路跡

なく、複線分の線路を再利用した緑道が続く。やがて新大橋通りを横切ると、緑道は右にカーブしていく。新大橋通りを西に少しだけ歩けば都営地下鉄新宿線の西大島《にしおおじま》駅がある。

新大橋通りを越えた緑道は、スーパーマーケットを避けるように右にゆるやかにカーブしている。こうした曲線は普通の道ではなく、廃線跡であると体感できる。さらに左にカーブして、ゆっくりと歩いていくと、明治通りに合流する。普通の道路だったら、直角に交わるはずだが、合流という言い方がぴったりなのは、かつて線路だった名残であろう。

都電砂町線は、ここからは明治通り上を南下していた。現在、この合流点近くには、大《おお》

南砂緑道公園

島《じま》一丁目バス停があり、都07系統という門前仲町行きの都バスが走っている。この路線バスは、緑道部分はもちろん通ることなく、明治通りを南下しているのだが、亀戸から東陽町付近まで、都電砂町線のルートをおおむね継承したものだ。明治通りには電停を引き継いだバス停がいくつかあり、南砂三丁目で降りると、明治通りの西側に南砂緑道公園の入り口がある。これも都電砂町線の廃線跡を利用した遊歩道だ。

　南砂緑道公園を少し進むと、ＪＲの越中島貨物線と交差する。今も現役である単線の貨物線の下を都電の複線の線路が走っていた。ガード下の橋脚には、「越中島線　城東電軌

南砂緑道公園にある都電の車輪モニュメント

こ線ガード」と現在でも記されている。都電ではなく城東電軌という表記が残っているところが興味深い。

さらに西へ進むと、左手が小高くなってい て、そこに1対の車輪が短い線路上に置かれたモニュメントがある。案内板によれば都電の車輪とのこと。「都電（城東電車）の走っていた用地」とはっきり書いてあった。

緑道は、その先で大きく左へカーブしている。カーブの内側には団地や学校が複数あるけれど、ここはかつて汽車会社という鉄道車両メーカーがあったところだ。その名の通り蒸気機関車を製造していたけれど、後年には電車や新幹線0（ゼロ）系も製造した。19

72（昭和47）年に川崎重工業と合併し、汽車会社の名前は消えた。

緑道は南下し、永代通りには右へ急カーブして合流する。緑道の出入り口は、大島緑道公園の明治通りへの合流点同様、線路敷だった名残を示している。

永代通りの地下は、東京メトロ東西線が走っていて、合流点を右に歩くと、すぐに東陽町の駅がある。かつての都電38系統は日本橋へ、現在の都バス07系統は門前仲町へ向かう。今は急ぐなら地下鉄東西線が便利で、門前仲町、茅場町、日本橋へと行ける。もはや、永代通りには都電の頃の名残は残っていないと思われる。

都電荒川線が存続したのは、専用軌道が多かったからだ。都電砂町線も緑道となっている専用軌道がかなりあったので、せめて亀戸〜東陽町間だけでも残っていれば、江東区の南北の路線として存在価値があったのではと妄想してしまう。

JRの貨物専用の越中島線の旅客線化や、有楽町線支線部分の住吉〜東陽町〜豊洲の建設計画はあるものの、遅々として進まない現状をみるにつけ、都電砂町線の廃止は返す返すも残念だったと思わずにはいられない。

東急東横線の地下化による廃線跡めぐり

東京の渋谷駅と横浜の桜木町駅を結んでいた東急東横線は、２０１３（平成25）年３月に渋谷駅が地下に潜り、東京メトロ副都心線との直通運転が始まった。これにより、地上にあった東横線のターミナルだった渋谷駅と代官山駅付近までの高架線が廃止された。

その後、渋谷駅周辺は再開発が進み、２０１９（令和元）年11月には旧東急百貨店東横店東棟跡地に、超高層ビル渋谷スクランブルスクエアが開業。旧東横線渋谷駅付近は著しい変貌を遂げて活況を呈している。

まずは、スクランブルスクエアの商業施設に入って廃線跡をたどってみたい。２階は女性を中心としたファッションフロアであり、中を通り抜けて南側に隣接している渋谷ストリームという別の高層ビルへと向かう。

一旦、スクランブルスクエアを出ると、渋谷ストリームへと続く、高架の連絡通路がある。ふと床を見ると、そこには線路が埋め込まれていて、東横線の跡地であ

東横線の旧渋谷駅跡

ったことを思い出す。屋根はかまぼこが連続しているような、かつての東横線渋谷駅の天井を彷彿とさせるし、両側にはメガネのレンズあるいは貝殻の形をしたデザインの壁が並んでいる。これもかつての東横線渋谷駅を特徴づけるもので、往時の様子を知っているものには懐かしくなる道具立てだ。

渋谷ストリームの建物の中にまで線路は続き、そのあたりで線路が合流するように床がデザインされている。ホームを出て線路が分岐していた地点の名残かもしれない。通路に埋め込まれた線路はさらに続き、渋谷ストリームの建物を潜り抜け、その先の屋外の通路にまで延びている。線路は通路が隣のビルに

渋谷川に沿った東横線廃線跡

遮られて行き止まりとなる場所で途切れる。右手に階下へ降りる階段とエレベータがあるので、1階へ降りてさらに歩いてみる。

そこは渋谷川が暗渠から地上へ顔を出したあたりで、川に沿って遊歩道が設けられていた。渋谷駅を出た東横線は、高架で代官山駅へ向かっていたのだが、高架橋は取り壊されて存在しない。けれども、ごく一部の高架線を支えていた柱などを残し、それをモニュメントとしている。

ここを東横線が高架で走っていたことを説明したボードも掲げられていた。ニューヨークなどで活躍中の気鋭のアーティストの作品を展示したりと、渋谷らしい現代的感性の息吹を感じる場所でもある。その先には、路面電車の敷地のように線路を埋め込んだ個所もあり、廃線跡の証としている。

並木橋の交差点近くにたどり着くと、遊歩道の終わりを示すかのように、高架橋跡のコンクリートの柱2本を中心に組み立てた門を思わせるモニュメントが残っていた。柱には60という番号が書かれているけれど、これは渋谷駅から高架線を支える柱に連続して付されていた数字である。

その先の八幡通りは、JR山手線を越えるため、上り坂になる。目の前に横断歩道がないので、明治通りの交差点付近まで迂回して道路を渡ると、今度は61と記された柱2本と鉄の板が先ほどの遊歩道の出口と同じくゲートのように立ちはだかっていた。「旧東横線橋脚」という説明板が柱に掲示されている。

数段ステップを降りると、再び遊歩道があり、少し歩くと、その先にはSHIBUYA BRIDGEという3階建てのビルが待ち構えていた。右に向かってゆるやかにカーブした不思議な形だが、東横線の高架跡敷地を利用して建てたビルだと想像がつく。

東横線廃線跡に建ったカーブしたビル

建物の右側は、吹き抜けのような自由通路になっていて、柱番号が71から順に72、73、……、と続いているのは高架線跡である証だ。1階には保育園やカフェがあり、小道を挟んで別の建物が続き、こちらにはレストランやホテルが入っていた。

二つ目のビルは通り抜けできないので、脇の公道を歩いていく。外から眺めると、ゆるやかにカーブした形の建物はユニークだ。しかし、建物はJR山手線に沿った道に遮られて終わりとなる。

かつて、東横線は山手線を高架橋で越えていたのだが、その跡はきれいさっぱり無くなってしまった。老朽化やJRの線路を越えるという特殊な事情から撤去せざるを得なかったのだろう。何とも残念だ。しかし、JRの複々線の線路を越える歩道橋があったので、それを使って代官山へ向かう。

跨線橋の先には、LOG ROADと名づけられた平屋もしくは2階建てのカフェやお店に沿って遊歩道が続いている。「かつて東横線の電車が走っていた線路跡地です」と書かれているので間違いない。テナントが決まっていないスペースもあるようで、ちょっと賑わいに乏しい。しかし、緑豊かなプロムナードなので気候の穏やかな日に訪れれば気持ちよさそうだ。

その行き止まりに車がやっと通れるくらいの道があり、その先で電車の轟音を耳にしたので金網越しによく見ると、そこは地下から東横線の現役の線路が地上に顔を出す地点だった。線路沿いに歩けば、すぐに代官山駅。渋谷駅と代官山駅の間の廃線跡探訪の終点だ。

東横線は、横浜付近にも地下化による廃線跡があるので、代官山から電車に乗って横浜方面へ向かう。特急や急行が停車する菊名駅から三つ目の東白楽駅で下車す

東白楽〜反町間の東横フラワー緑道

る。各駅停車しか停まらないので注意したい。

高架ホームから地上に下り、駅前を斜めに走る県道を渡って左に進み、東横線の高架をくぐって線路沿いに歩いていく。すると「東横フラワー緑道」という看板が立っている。地図を見ると横浜駅方面へつながる遊歩道だとわかる。東横という名前の通り、その先で東横線の線路跡をたどれるのだ。

しばらく、東横線の高架に沿って横浜方面に進むと、上り坂になり、線路の先はトンネルとなって消えてしまう。ここからが、地下化によって廃止となった線路跡だ。意外にアップダウンがあったり、道路を横断する場所では緑道が途切れたりするけれど、行く先を見失うことはない。ところどころに排気口があり、地下を走る電車の走行音が響く。また、板張りの部分があり、線路がはめ込んであるのは、廃線跡を表すためであろう。

横浜新道を越えるため階段を上って歩道橋を進む。道にはめ込まれたタイルは、色を変えて線路のようにデザイン化されている。

右手奥には、緑色の屋根で壁は黄土色の建物が見えてくる。緑道からは何の表示も見つからないけれど、一旦緑道を下りて建物の表に回ると、これが反町駅の駅舎だとわかる。もっとも、反町駅が地下になってから、2006(平成18)年に完成した新駅舎だ。線路は地下に潜ったままなので見えない。

さて、緑道に戻って先に進むと、トンネルが口を開けて待っている。高島山トンネルといい東横線が地下に潜るまでは、電車が行きかっていた。複線にしては幅が狭いのは、遊歩道にするにあたって改修工事を行ったためだ。この付近の住宅地から、横浜駅に向かう近道ができたことで、地元では歓迎されているようである。た

東横フラワー緑道の高島山トンネル

だし、長いトンネルは治安や安全上の問題があるのでゲートが設けられていて、夜の9時半から朝の6時までは通行できない。

トンネルを抜けると下り坂で、横浜駅方面へ向かう。このあたりには、東横線神奈川駅があったのだが、１９５０（昭和25）年に廃止されている。もう、横浜駅は目と鼻の先なのに、直進できないので迂回せざるを得ない。

横浜駅からは、ＪＲ京浜東北・根岸線に乗るのだが、その前に、ちょっとだけ寄り道をして東海道本線の下りホームにあがる。それも大船方面の先端に進む。

すると、かつて東横線がＪＲの線路を越

えていた跡が見える。高架橋は、すでに撤去されているけれど、桜木町方面へ延びていた高架線が残っているのだ。架線柱や架線は撤去されたため上空はさっぱりしていて、赤さびた鉄橋だけが目に留まる。都会の中心に残る廃墟だ。

東横線は、2004(平成16)年に横浜と桜木町の間は廃止となり、新たにできたみなとみらい線に直通して、元町・中華街駅に向かうようルートが変更されたのである。

京浜東北・根岸線に乗って桜木町駅へ向かう。ロングシートの車両なのでドア付近に立って窓の外を眺める。進行方向右手に先ほどの東横線の廃墟が見え、やがて近づいてくる。そのまま桜木町駅まで並走しているのが、はっきりと見える。叢生《そうせい》した線路跡の途中には、ホームの跡も確認できた。高島町駅の跡だ。

桜木町駅に到着する直前だけは、きれいに整地してあったので、桜木町で下車してその付近を見に行く。西側を久しぶりに見てみると、東横線の駅跡はすっきりと撤去されていて広々としている。

駅前は小さな広場になっていて、左端にはかつて東横線だった頃の高架橋のコン

桜木町駅付近の東横線廃線跡

クリートの断片が残っている。高架下の歩道の一部は、今も現役で道路の歩道としての役割を果たしているのだ。

横浜方面へは、JRの高架に沿って、ゆるやかな階段とスロープが設置されていた。階段を上ると、歩道の屋根がよく見える。東横線の高架の一部だったことが判明し、架線柱の跡を見つけることができた。

ここから横浜駅方面へは、JRの線路に沿ってコンクリートの幅広い歩道となっている。ただし、紅葉坂の交差点を越えたところで遊歩道は終わっていた。その先も廃線跡は続いているけれど立ち入り禁止である。この先の廃線跡の整備計画はあるものの、予算などの問題もあって遅々として進んでいない。この廃線跡は、15年以上放置されたままだ。何年後かに整備されて新たな観光スポットになることを期待したい。

東横線の廃線跡は、路線自体が廃止となったわけではない。地上を走っていた区間が地下に潜ったり、ルート変更のため撤去されただけだ。したがって、虚しさや寂しさに満ちたローカル線の廃線跡とは一線を画する別の思いに耽れるであろう。都心にあるので、訪問もしやすい。ちょっと異質の街歩きと思って散策してみると楽しめると思う。

第4章　シニア・テツの思い出の地をめぐる

札幌、小樽をめぐる旅

かつて、北海道への旅は1日がかりだった。青森駅へ行くだけでも、「上野発の夜行列車、おりた時から～」という石川さゆりの演歌『津軽海峡・冬景色』にもある通り、夜を徹して走らなければならなかった。

1968（昭和43）年10月のダイヤ改正は、「ヨンサントオ」として今も語り継がれている歴史的な改正だったが、このとき、東北本線は青森までの全線複線化および全線電化が完成し、昼夜を問わず走ることができる583系寝台電車が華々しくデビューしたのである。

583系を使用した寝台特急「ゆうづる1号」に乗れば、青森着が朝の5時ちょうど。上野から9時間30分という、当時としては画期的な所要時間だった。急いで青函連絡船に乗り継げば、3時間50分の船旅の後、函館ではディーゼル特急「北斗1号」が待っている。そして札幌には13時55分に到着、函館からは4時間25分の旅、上野からは18時間25分もの長旅であった。

583系電車。2009年に走った臨時列車

もっとも、２０１５（平成27）年まで走っていた寝台特急「北斗星」の末期の列車ダイヤは、上野発19時03分、札幌着11時15分だったので、所要時間は16時間12分。夜行列車なので、それほどスピードを出していないとはいえ、あまり変わっていなかった。

むしろ、２０１６（平成28）年に開業した北海道新幹線のインパクトは大きく、２０２１（令和３）年の時点で、東京駅を８時20分に発車する「はやぶさ７号」に乗れば、新函館北斗着12時17分、同駅発12時34分の特急「北斗11号」に乗り継いで札幌着16時04分。所要時間は乗り換え時間を含めて７時間44分と「北斗星」の半分以下、半世紀前に比べると10時間近い短縮となった。

もっとも、列車を乗り継いで8時間近い旅を続けるよりは、羽田空港から新千歳空港まで1時間半ほどのフライトの方が遥かに楽である。北海道新幹線が不人気なのも頷ける。北海道へは、鉄道で行く時代ではなくなったのだろう。


私が初めて北海道へ行ったのは、青函トンネルが開通してからのこと。ヨーロッパや西日本に関心が向いていたので、結局、蒸気機関車が全盛だった時代や青函連絡船を体験しないまま過ごしてしまった。それで、大型蒸気機関車C62形3号機が復活したとき、居ても立ってもいられなくなり、ようやく北海道を目指したのだ。1989（平成元）年夏のことである。

この年は釜石線に初めて蒸気機関車D51形が走った年でもあったので、新花巻駅付近でちょっとだけD51の走りを堪能したあと、盛岡駅前に泊まり、翌朝、いよいよ北海道を目指した。まずは583系電車で運転される特急「はつかり」で青森に向かった。昼夜兼用の車両だが、このときは座席車としての運行である。

東北新幹線が盛岡まで開業していたので、「はつかり3号」は、盛岡始発の青森行き。在来線をひた走り、2時間20分ほどで青森駅に到着した。すぐに青函トンネル経由の快速「海峡7号」に乗り換える。50系客車を改造した青い車両が連なり、シートは0（ゼロ）系新幹線から流用した座席だった。特急に比べると、ワンランク落ちる感じだったが、快速列車なので、そんなものかな、と思った。

初めて青函トンネルを抜け、函館を目指す。何だか裏口から北海道へ上陸した気分だった。上磯駅あたりで上り「海峡」とすれ違ったが、向こうは14系客車。そちらの方が上等な気もした。

函館駅からは、ディーゼル特急「北斗11号」の客となる。着雪防止のため直線で構成されたスラントノーズの特異なスタイルの前面は、JR北海道でしか見られないもの。もちろん初めての乗車だった。ほぼ満席で、空席が目立ったヨーロッパの鉄道に乗り慣れていると、ずいぶん窮屈な思いがした。札幌までは3時間44分。

北海道は大陸的であるとか、日本離れした風景が魅力的だといった話を聞いていた。しかし、このときまでに複数回ヨーロッパを旅していたので、日本的な家屋や漁村が車窓をかすめていったのを目にしても、それほどの感動はなかった。

苫小牧を過ぎ、札幌が近づくにつれて、ようやく本州以南では見られない広大な大地に「北海道」を体感した。札幌に近い上野幌駅あたりの原生林のある風景は、北欧で遭遇したものを思い出した。

札幌に宿泊して、日帰りで「C62ニセコ号」の撮影に出向いた。

小樽駅でC62形3号機が牽引する列車が待機しているのを確認し、ディーゼルカーで「山線」(函館本線の長万部〜倶知安〜小樽間の区間の通称)の撮影地を目指した。

小樽駅から普通列車に乗り、1時間ほど行った山の中の小沢《こざわ》駅で下車。倶知安に向かって、トンネルに入るまで上り勾配が続くので、有名な撮影ポイントが複数ある。初めてであったが、カメラを持った同好の士が何人も歩いているから、ついていけば何とかなる。15分歩いたのか、20分だったかは忘れてしまったけれど、踏切近くに何人も待機していたので、そこでC62を待つことにした。

1時間近く待つと、小沢駅を発車する汽笛が山間にこだまし、濛々と煙を吐いた列車がC62を先頭に豪快に驀進してきた。間近で見るC62は極めて迫力があった。

伝説のC62重連に遭遇することは叶わなかったけれど、C62形3号機の走りを実際に捉えることができただけでも大満足だった。

小沢駅に戻ろうとしたら、近くにいた人が、折り返しのC62を撮るのならバスが便利だと教えてくれた。駅まで戻って列車に乗り、倶知安駅で降りて再び峠を目指すよりは、確かにバスに効率が良い。一緒にバスに乗り、峠を越えたところで下車した。歩いてほどなく、踏切の近くに撮影地があった。運よく晴れていて、バックに優美な羊蹄山が聳えているという絵になる場所である。早々と

「C62ニセコ号」、小沢～倶知安間（ネガプリントをスキャン）

「C62ニセコ号」、倶知安〜小沢間（ネガプリントをスキャン）

三脚を立てて待っている人が何人もいる。

どれくらいの時間を待ったのか、食事はどうしたのか全く記憶にないけれど、羊蹄山をバックに快走するC62ニセコ号の写真は、今も手元にある。

翌日は、倶知安発小樽行き「C62ニセコ号」の指定券が取れたので、「乗り鉄」をした。C62形が牽引する旧型客車の旅もよい思い出だ。トンネルが多いので、ボランティアの若者が窓閉めを手伝ってくれたり、煤で汚れた窓枠などを雑巾で拭いてくれたりと、そのおもてなしが嬉しかった。

その後、バブルが弾け、C62形のような巨大で経費がかかる蒸気機関車の運行を支えるスポンサーがなくなってしまい、1995（平成7）年をもってC62ニセコ号は運行を終了した。

しばらくの間を経て、この区間には小型の蒸気機関車C11形牽引の「SLニセコ号」が2000（平成12）年から2014（平成26）年まで走っていた。

しかし、ついC62形と比べてしまい、C11形なら大井川鐵道や当時は真岡鐵道でも走っていたので、遠路はるばる渡道する気になれなかった。JR北海道で走っていたC11形207号機に出会うのは、何と東武鉄道にやってきてSL「大樹」を牽引したときだった。

「山線」を旅したのは、そのとき以来、絶えてなかった。

北海道へは、21世紀になってたびたび出かけることはあったものの、航空機での往復がメインで、道北や道東に目が向いていた。数年前になって、久しぶりに「山線」を旅する機会があった。それは「山線」経由の臨時特急が走ったときである。

最近、シニア向けの「大人の休日倶楽部パス」の利用期間を中心に、北海道への鉄

スラントノーズのキハ183系使用の臨時特急「ワッカ」（長万部にて）

道旅にいざなうように夏季から初秋限定で、「山線」経由の臨時特急が毎年のように運行される。

　列車名は「ニセコ」のことが多いけれど、私が数年前に乗ったときは「ワッカ」だった。これは水を意味するアイヌ語で、ニセコ周辺は、美しい水の景観に恵まれていることに由来するそうだ。

北海道を最初に旅したときに乗ったスラントノーズのキハ１８３系４両編成で、懐かしい車両だった。ただし、イベント列車用に改造されていて、車内の端の座席は、動物の大きなぬいぐるみが鎮座していて、記念撮影スペースとなっていた。主として「旭山動物園号」に使われる車両だからだ。「ワッカ」は、「山線」の長万部駅から小樽駅を経由して札幌まで走った。観光列車なので、途中のニセコ駅、倶知安駅、余市駅でそれぞれ10分、34分、18分と長時間停車をし、ホームでの飲食物やお土産の販売などを楽しめるようになっていた。長万部駅では、当地のゆるキャラ「まんべくん」の見送りを受けて14時08分に発車。すぐにメインルートの室蘭本線と分かれ、左へ大きくカーブして山の中へ分け入る。

山の中の小さな川を渡り、森の中を進む。開けたところは牧場で、サイロが見えるのが北海道らしい。黒松内駅に停まるもののすぐに発車。山の中を淡々と進む。このあたりは、列車本数が極めて少ないので、こうした臨時特急列車は有難い存在だ。

15時19分、ニセコ駅に到着。跨線橋を渡って駅舎に面したホームで名産品の販売があるというので出かける。ニッキーという鳥らしきゆるキャラの出迎えを受け、ホームの特設テーブルでは地酒やどらやき、乳製品を売っていた。停車ホームではないため、10分の停車時間では、ちょっと慌ただしい。

ニセコ駅を発車すると、10分少々で倶知安駅に到着。30分以上停車するので、駅前を散策しようと飛び出したら、突然のにわか雨。それも結構激しく降ってきた。

断念して列車内に戻る。発車直前になると止んで晴れてきたのが悔しい。

倶知安駅を出ると、四半世紀前に「C62ニセコ号」の写真を撮った踏切を通過する。SLはなくなってしまったけれど、物珍しい臨時特急も人気のようで、何人ものファンがカメラの放列を「ワッカ」に浴びせていた。

トンネルを抜け、C62撮影時に下車した小沢駅を通過。山の中を走り、然別《しかりべつ》あたりからは開けた田園地帯を快走する。

16時58分、余市駅に到着。ここでもゆるキャラの「ソーラン武士!!」の出迎えを受ける。20分近く停車。

余市は駅前にニッカウヰスキーの工場があるところで、後年、訪問した。このときは、ウィスキー関係ではなく、名産のリンゴをもとに作ったというアップルパイを売っていた。美味しいということで飛ぶように売れていたので、便乗して購入。小樽までの車中で食べたけれど、さすが美味だった。

小樽駅でも7分停車したが、とくにイベントはなく発車。札幌までも海沿いの区間など見どころはある。しかし、三つの駅でたっぷり楽しんだこともあって、疲れ

余市駅で乗客にプレゼント

余市駅の特設売店

たし、夕闇も迫ってきたので、ボーっとして過ごした。

臨時列車をのぞけば、普通列車しか走っていない「山線」。北海道新幹線が札幌まで延伸すると、長万部と小樽の間は並行在来線になるようで、廃止の噂もチラついている。

由緒ある路線ではあるけれど、とくに長万部と倶知安の間は利用者が極めて少ない。何とか観光列車を走らせて活性化してほしいと思うものの、現実は厳しいようだ。北海道新幹線の札幌延伸まで、もう少し時間はある。時間は限られているが、風光明媚な「山線」を心ゆくまで何度も利用したいものだ。

SLやまぐち号と山陰の旅

1975（昭和50）年12月14日、当時の国鉄室蘭本線を、蒸気機関車が牽引する最後の普通旅客列車が走った。これをもって、日本の鉄路から人が乗ることのできる「汽車」は消えたのだった。

それまでの数年間、いわゆる「SLブーム」が巻き起こり、SL（蒸気機関車）

の走るところは、いずこも人だかりができ大変な騒ぎだった。そんな風潮に嫌気が差し、身近なところからSLが消えるとともに、SLを追いかけることはしなくなった。遠征して写真を撮るほどの腕がなかったせいもある。

しかし、SLがなくなってしまうと、心にぽっかりと穴があいてしまったような寂しさが募る。勝手なもので、少しは出かけてもよかったのではないかとも思った。大井川鐵道で、SL列車が復活したというのでわざわざ出向いてみたものの、架線の下を走るSLには、当時はあまりなじめなかったし、私鉄の雰囲気は国鉄とは異なり、むしろ渇望だけが残った。

そんなとき、国鉄山口線にSL列車が復活するというニュースを耳にした。当時の国鉄高木総裁の提案で、全国で一ヵ所なら走らせてもいいのではないかとのことだった。いくつもの路線候補の中から選ばれたのは、山口線小郡（現在の新山口）と津和野の間で、春から秋まで週末に走らせることと、牽引機は梅小路蒸気機関車館（現在の京都鉄道博物館）に動態保存されていたC57形1号機と決まった。

これは嬉しいニュースだった。もう二度と蒸気機関車の雄姿を拝めることはない

C57牽引「SLやまぐち号」（2012年撮影）

ものと諦めていただけに、行くしかないと思った。それで、1979（昭和54）年8月1日の運転開始から間もない8月下旬に親しい鉄道ファン仲間と一緒に、はるばる山口線に向かった。

当時は、長距離移動においては夜行列車が人気だったので、まずはブルートレイン「あさかぜ1号」で東海道・山陽本線を下り、朝8時過ぎに防府《ほうふ》駅に到着。この列車は、小郡駅を通過していたので、普通列車に乗り継いで小郡へ。さっそく小郡駅を発車する「SLやまぐち号」を見送った。

その日は、バスで秋芳洞《あきよしどう》を見学し、

帰路、山口駅を発車する上りの「ＳＬやまぐち号」に遭遇できた。翌日は、小郡駅から待望の「ＳＬやまぐち号」に乗車した。まず取れないから諦めるよう言われたのだが、１カ月前に都内の駅窓口で予約しようとしたら、なぜか席があったのだ。

列車は茶塗りの旧型客車ではなく、冷房付き、自動ドアの青い12系客車。屋根のクーラーが目立ち、電車かディーゼルカーみたいな風貌だったが、これが当時の新型車両であった。冷房がなく、ドアが手動の旧型客車では、万一、乗客の転落事故があったら困るので、12系になったのであろう。しかし、蒸気機関車が牽引することに変わりはなく、幼少のとき以来の「汽車旅」を思う存分堪能できた。

往時の列車ダイヤは、小郡発10時ちょうど、津和野着12時21分。途中の停車駅は、湯田温泉、山口、仁保、篠目、長門峡、地福、鍋倉、徳佐の８駅で、これは今も変わらない。地福では、記念写真の撮影などのため長時間にわたり停車した。当時は36分停車（11時22分着、58分発）、現在は14分停車（12時16分着、30分発）とかなり短くなった。

１９８０（昭和55）年10月のダイヤ改正前までは、山口線には特急「おき」が３

往復のほか、急行「つわの」が2往復、合計5往復の優等列車が設定されていた。

山口駅と津和野駅の間では、「おき」はノンストップ（1往復のみ徳佐駅に停車）だったけれど、急行「つわの」は、三谷駅、徳佐駅に停車した。そして、「つわの2号」は、「SLやまぐち号」が山口駅を10時19分に発車した30分後に山口駅を出て、地福駅で長時間停車している間に追い抜き、徳佐駅には11時39分着と、「SLやまぐち号」よりも26分早く到着するのだ。

場所は限られてしまうけれど、2カ所でSL列車を撮影できたのである。運転開始の翌年、1980年6月、C57形とC58形による重連運転が初めて行われたので、駆けつけたが、そのときは三谷駅付近で撮影後、「つわの2号」で徳佐駅まで行き、駅の発車シーンを撮影した。残念ながら写真はあまりよい出来栄えではなかったが。

12系客車の車内は、普通のボックス席のままで、特別仕様車ではなかった。ある意味、古き良き国鉄時代の急行の雰囲気（「SLやまぐち号」は快速列車だった）が、色濃く残る列車だった。向かいに座っていた広島から来たということも二人が、「SLちゅうのは、速いもんじゃのう」と方言丸出しで話していたのが面白かった。

12系客車

確かに、小郡駅から山口駅までの平坦区間はかなりのスピードで飛ばしていた。しかし山間部に入ると、みるみる遅くなり、文字通り喘ぎ喘ぎ進むという感じだった。

それから10年くらい経ち、12系客車は、旧型客車をイメージした茶色に塗装を変更した後、レトロ風の客車に大改装された。車両により昭和風、大正風、明治風そして欧風と、異なった車内となり、イベント色の強いものに変貌した。この車両には2003（平成15）年に一度だけ乗車している。

さらに12系客車の老朽化が進んだため、2017（平成29）年秋より旧型客車を模した新型客車が登場。外観は旧型客車と見まごう

D51牽引「SLやまぐち号」(2018年撮影)

ばかりの造りに驚愕した。

C57形の助っ人として長らく活躍したC56形160号機に代わって登場したD51形200号機が牽引する「SLやまぐち号」に乗車したのは、2018(平成30)年5月のことだった。エアコン付き、自動ドアなのは当然として、ボックス席の大きなテーブルにコンセントが一つ付いているのは現代にふさわしい仕様だ。

客車の性能が良すぎて、発車時の衝撃がほとんどなく、実にスムーズに走り出すのは快適そのものではあるけれど、汽車らしい雰囲気に欠けると言ったら、贅沢すぎる感想だろうか。

「SLやまぐち号」用の旧型客車を模した新型客車（2018年撮影）

山口線は山岳路線なので、C57形よりも貨物用でパワーのあるD51形がよく似合う。幼少時に名古屋で中央西線のD51形を見て育ったので、客車を牽引するD51形には何の違和感もないどころか、逆に懐かしささえ感じる。しかも、山口線で走ることになったD51形200号機は、梅小路蒸気機関車館で保存される前は、中央西線で走っていたカマ（機関車）である。ひょっとしたら、幼少時に見ていたかもしれない機関車だと思うと、不思議な縁を感じてしまう。

1979（昭和54）年8月の旅は、「津和野・秋芳・萩フリー乗車券」という周遊券を使った。これを有効利用するために、追

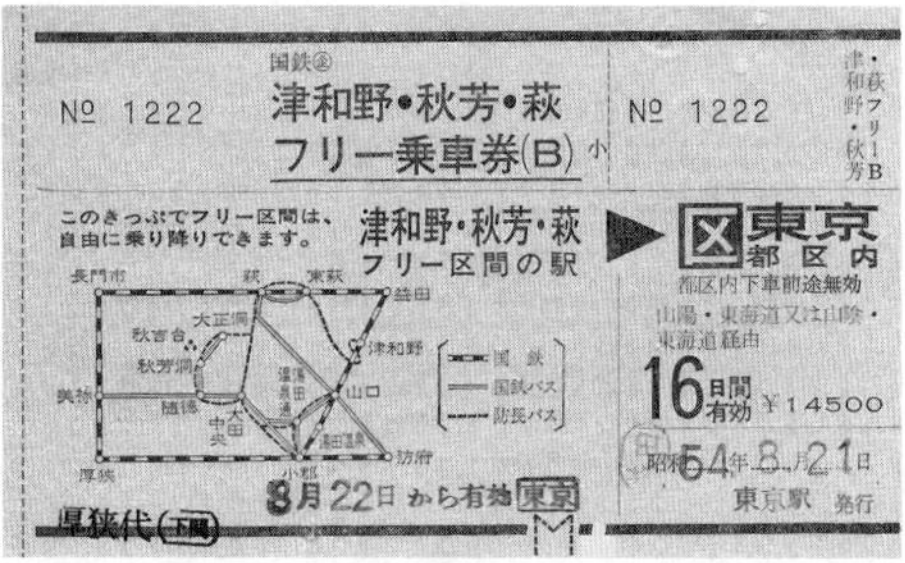

津和野・秋芳・萩フリー乗車券

加料金なしで利用できるバスに乗って秋芳洞を訪れたのは前述した通りである。

旅の終わりは、山陽本線ではなく、山陰本線経由で帰京した。まずは、山陽本線で下関駅へ向かい、ロングランを誇っていた名門特急「まつかぜ4号」に乗車。博多発で山陰本線経由新大阪行きのうち、僅かではあったが、東萩駅までディーゼル特急の走りを堪能した。

萩で少しだけ観光した後、これまた長距離急行「さんべ2号」で出雲市駅へ。18時13分に到着した後、大社線を終点まで往復した。この支線は1990（平成2）年に廃止されたので、このとき乗っておいたのは貴重な体験だった。慌ただしく折り返したのと、すでに夕闇が迫っていたので、純和風建築の名駅舎をじっくりと観察したのは、廃止後に出雲大社に参拝したときである。

出雲市駅からは、大阪行きの夜行列車である急行「だいせん8号」に乗車した。初代ブルートレインの20系による編成。新型車両24系が華々しく特急列車として全国を走り回っていたので、20系は急行列車用として格下げとなっていたのだ。しかも、急行用として働くために、すべて寝台車ではなく、一部車両を座席車に改造していた（実は、20系のデビュー当時は座席車もあり、その後、全車両が寝台車に改造されたので、再改造ということになるのだろうか）。

　手元にある当時の時刻表によると、1号車から3号車までが指定席の座席車、4号車から9号車までが★一つの寝台車（3段式B寝台）で、1号車の前に荷物車を複数連結していた。

　保存していたきっぷをチェックすると、9号車13番下段となっている。21時06分に出雲市駅を発車し、米子、倉吉、鳥取など山陰本線の駅にこまめに停車して

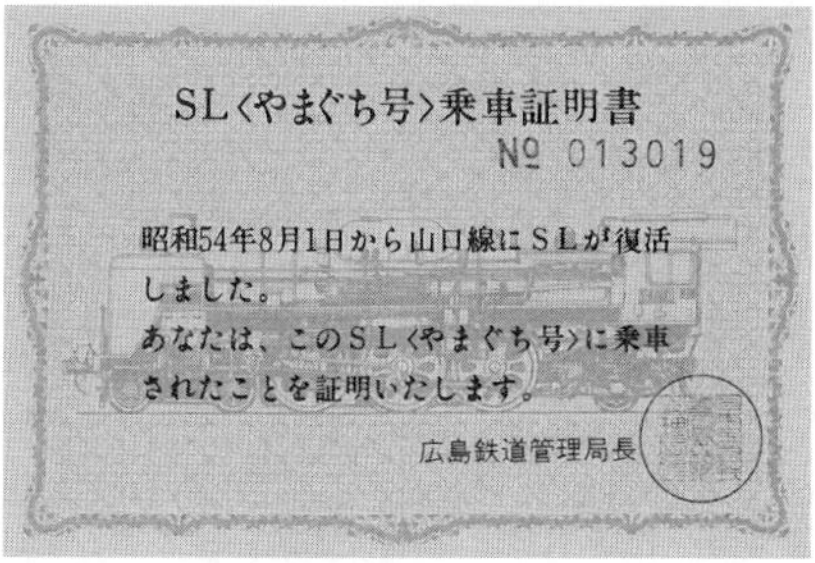
SL〈やまぐち号〉乗車証明書
№ 013019
昭和54年8月1日から山口線にＳＬが復活しました。
あなたは、このＳＬ〈やまぐち号〉に乗車されたことを証明いたします。
広島鉄道管理局長

SL〈やまぐち号〉乗車証明書

いく。急行なので、深夜にもかかわらずいくつもの駅に停まる。浜坂、城崎（現在は城崎温泉駅と改名）、豊岡、和田山を経て福知山からは福知山線に入る。目が覚めると、機関車の次の車両だったので、20系特有の丸みを帯びた先頭部からDD51形ディーゼル機関車が力走する様子をしばし見ていたのを思い出す。

大阪駅には、朝の6時36分着。新大阪に移動し、東海道新幹線に乗り継いで帰京した。

現在、下関駅から大阪駅まで、山陰本線と福知山線をたどるとどうなるだろうか。博多発の「まつかぜ」はとうの昔に廃止。それどころか下関から益田までの区間に優等列車の姿はない。唯一、この区間を走破する優等列車は豪華寝台列車「トワイライトエクスプレス瑞風」であるが、気楽に乗ることはできそうもない。

幸い、下関駅から東萩駅までは、土休日に限って観光列車「〇〇のはなし」が走っている。これなら、下関駅発10時20分、東萩駅に12時52分に着く。1時間ほど列車がないので、駅周辺を散策して過ごそう。東萩駅発14時00分発の普通列車で15時12分に益田駅着。50分ほどの待ち合わせで特急「スーパーまつかぜ12号」の客とな

「スーパーまつかぜ」

る。17時49分に出雲市駅で降りれば、18時51分発の東京行き寝台特急「サンライズ出雲」に乗り継げる。車内販売はないので、1時間ほどの乗り継ぎ時間は、駅弁などの夕飯や飲み物を買う時間に当てることができるだろう。

大阪行きにこだわるのなら、寝台特急「ウエストエクスプレス銀河」に乗りたいところだが、出雲市発16時00分では乗り継ぐのは不可能だ。もっとも、運転日は限られているし、事前の申し込みの倍率も高そうだから、ふいに思い立って乗ることは叶いそうにない。

とりあえず、「スーパーまつかぜ12号」の終点鳥取まで行く。すると、19時42分に到着して特急「スーパーいなば12号」20時35分発に乗り継ぎ、岡山駅22時22分着、19分の待ち合わせで山陽新幹線「ひかり594号」、あるいは26分の待ち合わせで「みずほ614号」新大阪行きに間に合う。

何とか、その日のうちに大阪までは行けることがわかる。新幹線をはじめ列車の高速化が進んだので、夜を徹して走る寝台急行「だいせん」がなくても困ることはなさそうだ。もっとも、関東に住んでいるのなら、唯一の寝台特急「サンライズ出雲」が健在なのは嬉しい話である。

ところで、旅程の順序とは逆になるけれど、山口への往路はブルートレイン「あさかぜ」に乗車したと書いた。現在なら、どのようにして山口入りするか。

山陽本線を走る寝台特急で残っているのは、四国へ向かう「サンライズ瀬戸」と併結される山陰方面への「サンライズ出雲」だけで、岡山駅から南北に分かれて進み、山口へは行かない。しかし、岡山駅に朝6時27分に到着後、山陽新幹線に乗り継げば新山口駅まで行けるのだ。

具体的には、岡山駅7時15分発の鹿児島中央行き「さくら541号」の利用で新山口駅に8時27分到着。乗り換える煩わしさはあるものの、夜行列車の利用で山口

「サンライズ出雲」（米子にて）

入りは可能である。

山口に前泊するなら、東京駅から「のぞみ」で4時間20分ほど。速くなったものだ。あるいは、「SLやまぐち号」が走り始めた頃は存在感がなかった空路利用もありうる。山口宇部空港から山口市内へはバスが便利だが、JR宇部線の草江駅が徒歩10分ほどの距離にある。一応最寄り駅なのだが、無人駅で待合室は小さい。しかも、列車本数が少ないので、それなりの覚悟を決める必要があろう。

「SLやまぐち号」は運転開始から40年が過ぎても、相変わらず健在（2021年度はSLが2両とも大掛かりな修理時期となっていたが、10月23日より運転を再開予定）だが、周囲の鉄道事情は激変した。

山口線は、山口駅の2駅先の宮野以遠の列車本数が激減し、列車を使ってのSL撮影ははなはだ困難な状況に陥っている。山陰本線も、山口県内と島根県西部の実態は本線とは名ばかりの惨状だ。極めて不便なので、利用時の制約は大きい。しかし、風光明媚な沿線なので、そうした不便を乗り越えて鉄道旅をする価値は充分にあろう。

寝台特急「富士」のルートをたどる

1979（昭和54）年3月12日、東京駅18時00分発の寝台特急「富士」西鹿児島行きに乗車した。

そのときのきっぷは今も手元に残っていて、6号車3番下段と記載されている。豪華列車もなく、個室寝台は、A寝台個室が主要な列車に1両付いていただけ。寝台車といえば蚕棚のようなカーテンで仕切られただけのB寝台が主流、それも3段が当たり前で、2段寝台というのは、なかなか贅沢なものというのが、当時の「常

東京駅で発車を待つ特急「富士」（2014年の復活イベント運転）

ブルートレイン「富士」最後尾（2014年の復活イベント運転）

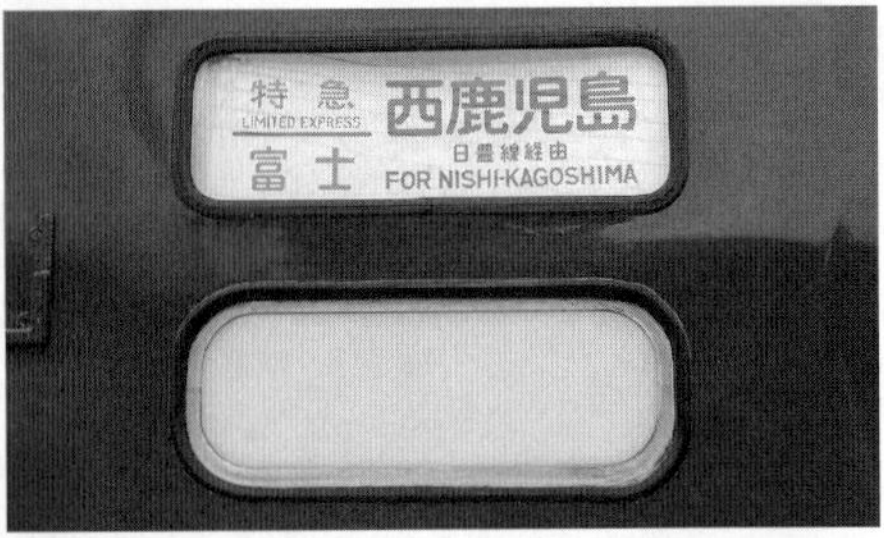

西鹿児島行き「富士」のサボ

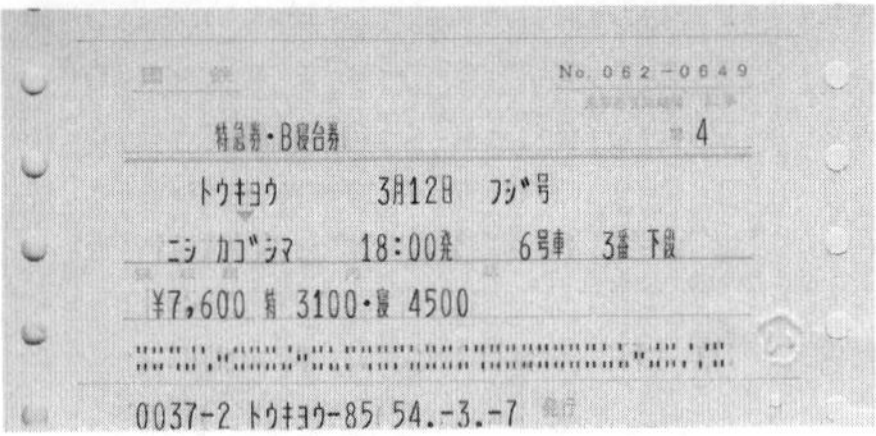

寝台特急「富士」西鹿児島行き指定券

識」だった。

大学院を修了し、4月から教師になることが決まっていたので、卒業の記念にどこか遠くへ行ってみたい。しかし、海外旅行はちょっと無理というわけで、当時、国内最長距離を走る寝台特急「富士」を選んだのであった。

ブルートレインで旅を始めるというのには、あの頃、あこがれのようなものがあった。ゆったりと進む列車、それも電車やディーゼルカーではなく、機関車が牽引する客車列車は、列車の中の列車、堂々たる風格があった。

東京駅を出てしばらくすると、京浜東北線の横浜方面へ向かう電車と並走する。

あちらは、１日の仕事が終わって家路を急ぐ勤め人がうんざりするような表情で、吊り革につかまって車外を見ている。こちらは、旅が始まった高揚感から缶ビールを飲みながら、明るい表情で車窓を眺める。優越感に浸りながらの列車旅が幕を開けた。

夜の東海道本線を下って、横浜、熱海、浜松、名古屋と停車していく。名古屋発は22時54分。郷里の懐かしいホームが去っていくのを眺めて横になる。深夜に乗務員の交代などで運転停車はあるけれど、客の乗り降りはない。翌朝、眠っている間に福山、広島と停まり、目を覚ましてカーテンを開けると、岩国あたりを走っていた。朝日に輝く瀬戸内海を眺めつつ、食堂車で食事をしているうちに山口県に入り、下関に９時09分着。東京駅から長駆走り抜けてきた電気機関車ＥＦ65形に代わって、関門トンネル専用の銀色の電気機関車が牽引する。

九州に上陸し、再度、門司では電気機関車が赤い交流電気機関車に代わる。小倉を９時35分に発車すると、いよいよ九州東海岸を走る日豊本線の旅が終着西鹿児島まで続く。

門司から先はED76形電気機関車が牽引

ここまでても、寝台列車の旅は充分堪能できたはずなのに、まだまだ夕方まで列車旅は続くのだ。中津、別府に停まり、大分着11時42分。ここで、後ろの7号車から13号車までの7両の客車が切り離される。8号車の食堂車も含まれるので、以後、お腹が空いても食堂車に行くことはできない。ちょっと寂しくなる。

大分からは、さすがに車内は空いてきた。寝台を座席替わりにして4人向かい合わせに座ることになるのだが、相客はいなくなり、1人で過ごす。足を前の寝台に投げ出し、のんびりと日向路の車窓を眺める。ある意味退屈ではあるが、列車旅が好きなら、至福の時間が流れていくひとときは、何とも贅沢な過ごし方であった。

佐伯、延岡、日向市と停まり、宮崎着15時41分。当時、この先の南宮崎以南は非電化区間だったので、ディーゼル機関車DF50形に交代した。DF50形が牽引するブルートレインは、宮崎〜西鹿児島間と、紀勢本線を走っていた「紀伊」の亀山〜紀伊勝浦間しかなかったので、極めて貴重な存在だった。停車時間は8分あったので、カメラを持ってホームの先頭まで駆け付けたことを覚えている。

津山まなびの鉄道館のDF50形ディーゼル機関車

乗車から半年後、同じ年の9月に、この区間は電化され、DF50形が「富士」の先頭に立つことはなくなった。「富士」もスピードアップされ、全区間を24時間24分で走破という記録も短縮されてしまった。実にいい時に乗車したものだと思っている。

ワンダーエクスプレス「ソニック」

宮崎からは、関西弁のビジネスマンの方と相席になった。ゆっくりと山越えの車窓を楽しみつつ、世間話に花が咲いた。隼人を過ぎ、夕闇迫る錦江湾に噴煙たなびく桜島が見えたときは感動的だった。24時間以上かけての東京駅から西鹿児島駅までの列車旅。後にも先にもこのとき限りだった。

ほぼ40年前の「富士」のルートを現在たどると、どうなるのだろうか。ブルートレインが廃止された今、東京駅18時発の九州方面へ向かう列車は、東海道新幹線「のぞみ」だけである。ただし、この列車は岡山が終点なので、18時09分発の博多行きに乗車する。終点まで行かないで、一つ手前の小倉着は、22時50分。夜行列車はないし、大分まで行っても中途半端なので、小倉駅前のホテルに

ハイパーサルーン形特急電車783系

投宿して朝を迎えよう。

2日目の朝、「富士」の発車時刻に合わせて旅立つ。「富士」の発車時刻9時35分に近いのは、9時17分発の特急「ソニック7号」大分行きである。宮崎方面へ直通する列車はないので、この「ワンダーエクスプレス」とも呼ばれる青い車体の電車に乗る。

終点の大分では、1時間23分の待ち合わせで、特急「にちりん9号」に乗り継ぐ。「ハイパーサルーン」という愛称を持つ電車だ。宮崎空港行きなので、宮崎で下車。15時15分着と「富士」よりも30分ほど早く着く。足の遅い客車列車よりもスピードは出せるし、振り子式の電車の登場で、日豊本線も画期的に所要時間が短縮されたのである。

宮崎駅では1時間ほどの待ち合わせで特急「きりしま13号」がラストランナーとなる。「きりしま」も「ハイパーサルーン」形で、2時間8分かけて鹿児島中央駅（「富士」が走っていた頃の駅名は西鹿児島）に到着する。

「富士」の所要時間は2時間35分、ディーゼル特急だった「にちりん」は2時間18分だったから、それぞれ27分と10分ほどの短縮だ。単線で、それほどスピードの出せない線形だからやむを得ないのであろう。ややのんびりした列車旅は、車内で立ち上がると揺れが気になる高速の振り子式電車よりも、むしろ快適ともいえる。好みの問題ではあるけれど、私の旅のスタイルには合っている。

小倉を朝の9時17分に出て、鹿児島中央着は18時31分着。9時間以上の長旅は、九州新幹線も走る九州西側に比べて、まだまだスピードの面では遅れているけれど、「乗り鉄」なら、時間のことを気にしないでのんびり楽しめそうなルートだと思う。

東京駅発の夜行列車にこだわるのなら、唯一の定期運行寝台列車となった電車特急「サンライズ瀬戸&出雲」に乗るしかない。といっても、どちらも岡山からは四国や山陰に向かってしまうので、岡山駅に朝の6時27分に到着したら、慌ただしく山陽新幹線に乗り換えることになる。

まずは、6時51分発の鹿児島中央行き「みずほ」に乗る。小倉着は8時11分で、ここからは、日豊本線の旅が待っている。

8時34分発の特急「にちりんシーガイア」は、珍しく宮崎空港行きなので、大分で乗り換えずに済む。宮崎着は13時07分で、鹿児島中央行きの「きりしま」への接続は悪く、1時間以上の待ち合わせとなり、14時19分発。鹿児島中央駅着は16時25分である。

いずれにせよ、乗り換えなしには行けないけれど、長時間の鉄道旅行でたどり着けることがわかる。

1979（昭和54）年の旅では、乗車券として「鹿児島・宮崎周遊券」を使用した。当時、周遊券は気ままな鉄道旅行には必須のアイテムだった。

現在、国鉄の分割民営化によって、各社エリアのフリーきっぷは充実しているけれど、複数のJR各社をまたいで自由に行き来できるフリー乗車券は、青春18きっぷ、フルムーンパスくらいだ。

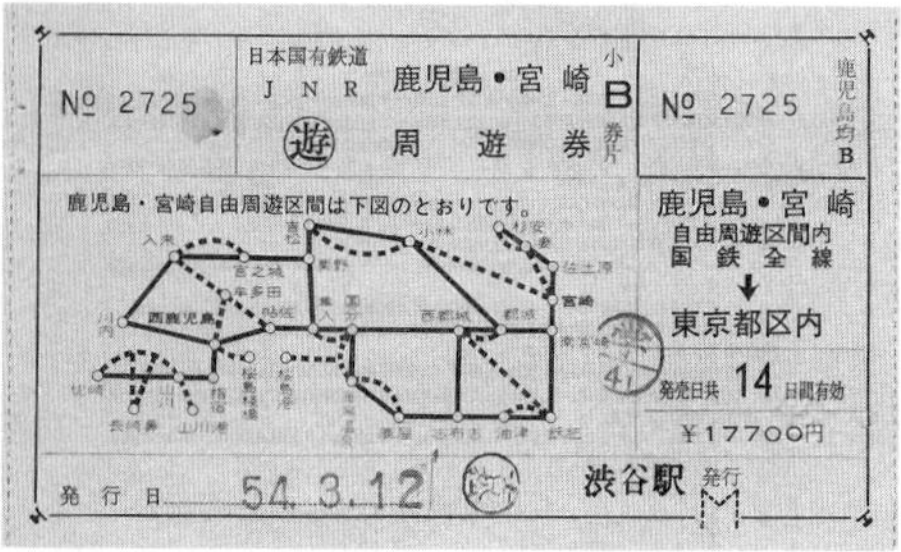

鹿児島・宮崎周遊券

この「鹿児島・宮崎周遊券」は、周遊券のエリア内まで到達した後は、エリア内にある南九州のいくつもの路線を自由に乗り降りできたのである。せっかく鹿児島まで出かけたので、あちこち回る計画を立てたのだが、勤めることになる学校の面接に呼び出されてしまったので、駆け足で回って帰らざるを得なかった。それでも、何とか最低限の乗りつぶしは行った。

鹿児島に着いた翌日は、再び「富士」に乗車した。といっても、東京まで戻るのではなく西鹿児島から都城まで。昼間なので寝台券ではなく特急自由席券を購入、俗にいう「ヒルネ」である。空いている寝台の下段を座席替わりに使うのだ。

西鹿児島発9時41分、特急「富士」東京行き。ガラガラの車内でのんびり過ごすことができた。エアコン付きの密閉された車内のはずだが、どこからか外気が漏れてくるのか、ディーゼル機関車の排気ガスのにおいが漂ってくると感じたのは、気のせいだったのだろうか。

ゆっくりと峠を越え、11時28分に都城に到着した。「富士」の全行程からすれば、わずかな距離であり時間なのだが、1時間50分近い「汽車旅」は、満足のいく乗車だった。

都城駅のホームに降り立つと、入れ替わるように大きな荷物を持った若者が乗り込んだ。友人らしい数名が賑やかに手を振って見送る。進学か就職のため「富士」で東京へ向かうのだろう。都城駅の東京行きという表示が輝いているように見えた。今だったら、宮崎空港から飛行機で旅立つのではないだろうか。時の流れを感じる。

都城駅からは、初めての吉都《きっと》線の旅を試みた。30分ほどの待ち合わせで、12時07分、普通列車の吉松行。ディーゼルカーに乗って各駅に停まりながら1時間40分ほどかけて、13時45分に吉松着。20分の待ち合わせで肥薩線の人吉行きに乗ったが、これが何と客車列車。しかも、DD51形ディーゼル機関車が旧型客車を1両だけ引っ張るという実に興味深い編成だった。

本来は、貨車も連結する混合列車だったのに、荷がなく、客車だけが連結されていたようにも思える。写真が見当たらないのが返す返すも残念だ。

人吉からも客車列車に乗り、球磨川沿いに走りながら各駅に停車しつつ八代を目指す。17時39分、八代着。急いで熊本行きに飛び乗ろうとしたのだが、車内で行先を確認すると熊本へは行かないという。慌ててホームに降りると、別の番線に似たような客車列車が停まっていて、そちらが熊本行き。危ないところだった。

熊本からは、ブルートレイン「明星6号」で新大阪に向かい、東海道新幹線に乗り継いで帰京した。慌ただしい旅ではあったが、「富士」に乗れたのみならず、吉都線と肥薩線という初めてのローカル線をたどることもできたので、充実した鉄道旅だったと思う。

この九州での旅も、現在の列車旅で再現してみたい。まずは、鹿児島中央駅9時59分発の特急「きりしま8号」宮崎行きに乗る。

都城到着が11時21分なので、「富士」の代わりとして走っているようにも思える。都城での接続は悪く、1時間40分ほど待って吉都線に乗る。吉都線の終点吉松からは、肥薩線を下って隼人に向かう列車だ。本来なら、吉松では45分ほどの待ち合わせで、観光列車「しんぺい4号」に乗り換えるのが定番だった。スイッチバックやループ線を体験できる人吉までは普通列車で、人吉から熊本までは特急列車だ。人吉と八代で乗り換えをする必要はないので、1979（昭和54）年のときのように、あわや乗り間違いという心配はない。しかし、2020（令和2）年の水害のため、肥薩線（八代～人吉～吉松）は不通のまま。復旧の予定も立っておらず、列車旅の再現は当分不可能だ。というわけで、鹿児島中央駅から九州新幹線で戻ろう。

熊本からの寝台列車はとうの昔に廃止されていて、その代わり新幹線がある。鹿児島中央駅発18時04分の新大阪行き「みずほ612号」に乗れば、21時47分に新大阪までは行けるけれど、すでに東京行きの最終は発車したあとで、大阪に泊まるか、深夜の「サンライズエクスプレス」を待つかの二択だ。

それだったら、岡山で下車して、ここで1時間半ほど時間をつぶして、サンライズに乗った方が、横になる時間がより長く取れて良いのではないだろうか。岡山発22時34分。岡山で併結作業があるので、「瀬戸」でも「出雲」でもどちらでもよい。

一晩ぐっすり眠って東京着は朝の7時08分。ローカル列車、九州新幹線、そして寝台列車と乗り継ぐことができ、当初想像したよりも密度の高い鉄道旅になりそうだ。

松本清張『ゼロの焦点』を鉄道旅行の観点から読み解く

松本清張の小説には、鉄道で移動する場面が多々登場する。それが、物語の核心とは関係ない場合もあるけれど、どんな列車に乗ったのかを当時の時刻表を片手に推察してみるのも楽しい作業である。

過去にも、複数の拙著で『Dの複合』『砂の器』『屈折回路』を取り上げたので、今回は名作『ゼロの焦点』を読み解いてみようと思う。ただし、ミステリーなので、ストーリーの本質には敢えて迫らず、鉄道旅行の場面だけを調べていくことにする。

主人公の禎子は、鵜原憲一と見合い結婚をし、披露宴の後、新宿から新婚旅行に旅立った。

この記述は、「新宿駅発の二等車に乗った。甲府に着いたのは夜がおそかった」。

現在の特急「あずさ」

これだけである。新婚旅行なのに2等車か、と思う人がいるかもしれないけれど、物語が進展する1958（昭和33）年当時、列車の等級は1等から3等まであり、普通車は3等だった。1等車は、今でいうグランクラスに相当し、別格の車両で、東海道本線を走る特急「つばめ」「はと」の展望車しかなかった。デビューしたばかりの電車特急「こだま」でさえ、2等と3等しかなかったのだ。中央線の2等車とは、現在ならグリーン車に相当する。

新宿から甲府までなら、当然のように特急「あずさ」か「かいじ」を思い浮かべるだろう。しかし、当時の中央線の優等列車は、夜行列車を含めて1日に3往復しかなかった。

披露宴が終わってから乗車する時間に、優等列車はなく、普通列車のみ。その中で、2等車が連結されているのは、新宿駅17時10分発の上諏訪行きであろうか。甲府駅着が20時41分なので「夜がおそかった」という表現にも納得がいく。ちなみに、現在なら、17時発の「あずさ」に乗れば、甲府着は18時28分である。

新婚旅行から戻って10日後、「禎子は、金沢に出発する夫を、上野駅に見送った」。当時の時刻表を見ると、金沢まで直行する夜行列車は、21時15分発の急行「北陸」だけであった。後年のブルートレイン「北陸」は、全車寝台車だったが、１９５８（昭和33）年当時の「北陸」は、寝台車は3両のみで、2等の座席車2両、3等の座席車6両という編成で、圧倒的に座席車が多かった。横になって寝ることができない夜行列車は相当な苦行だったと思われる。

しかも、金沢到着は8時15分だから、ぴったり11時間もの長旅だった。ブルートレイン「北陸」が２０１０（平成22）年3月に廃止される直前の列車ダイヤでは、7時間20分。3時間40分も早くなっていた。

寝台特急「北陸」

そして、現在なら、東京駅21時04分発の北陸新幹線「かがやき」に乗れば、日付が変わる前の23時34分に金沢に到着する。朝一番なら、東京駅6時16分発の「かがやき」を利用すれば、金沢到着は8時45分。一昼夜かかって走った、昭和33年当時の列車よりも到着時刻が30分遅くなるだけなので、時代の流れとはいえ驚いてしまう。

北陸に旅立った夫は行方不明になる。そこで、夫の会社の同僚と一緒に金沢へ旅立つ。もちろん、夜行列車。前述した急行「北陸」だ。「席は、二等車の端だった」とあるので、今風にいえばグリーン車（座席車）に、おそらく会社のお金で乗せてもらったのだろう。

雨の羽咋駅

「沼田、水上、大沢、六日町と駅名が寂しい灯の中で過ぎた」とあるように、上越線経由で長岡まで行き、そこから信越本線、北陸本線へとたどっていくのは、ブルートレインでも変わらなかった。

「直江津を発車したのは朝の暗いうちだった」。時刻表を見ると午前4時14分発となっている。明るくなり、日本海を望む。さらに進んで、「『津幡』という駅名の文字が読まれた。『次です。金沢は』」という会話があって金沢への長旅は終わった。

夫の行方が杳《よう》としてわからないうちに、身元不明の死体が見つかったと、警察から知らせを受けたので、確認のため、羽咋《はくい》に向かう。

七尾線の今も存続している区間にある駅だ。七尾線は、かつては輪島まで延びていた。「禎子は、金沢を、十三時五分発の輪島行きの列車で発った」。輪島到着は16時55分なので、4時間近い長旅であるが、羽咋までは1時間10分ほどである。

「汽車は本線から分かれて、小さい駅に頻繁にとまりながら走った。……羽咋の駅には一時間ばかりで着いた。この駅から乗りかえて、さらに小さい電車に移り、能登高浜まで行くには一時間以上を要した」。

小さい電車とは、北陸鉄道能登線のことで、羽咋から能登高浜を経て三明《さんみょう》まで延びていた。1972（昭和47）年6月に廃止されている。北陸鉄道は、いくつもの路線があって電車が走っていたが、能登線だけは非電化でディーゼルカーだったようだ。松本清張は、取材時に気がつかなかったのであろう。

結局、死体は別人だったようで、禎子は金沢へ戻る。金沢駅の「電気時計が九時三十分を指していた」とあり、時刻表を調べてみると、羽咋発20時08分、金沢駅21時19分着の列車で戻ったようだ。

現在の七尾線は、羽咋を経由して和倉温泉駅までで、和倉温泉駅から穴水駅まで

現在の和倉温泉駅

は、のと鉄道に移管された。そして、穴水駅から輪島駅までは、2001（平成13）年に廃止されてしまった。

金沢発の列車は、普通列車のほとんどは七尾行き、特急列車は和倉温泉行きとなっている。また、金沢から羽咋までの所要時間は、普通列車で1時間程度と、電化されたのにあまり変わっていないけれど、特急列車なら30分少々で到着する。1日に6往復しているから、まあまあの利便性であろう。

羽咋から金沢に戻ったときに、禎子は義兄らしき人物を駅で見かけている。義兄は京都に出張し、その帰りに金沢に寄ったようなことを言っている。しかし、妙な点があったので、夫の会社の同僚に、

特急「サンダーバード」

その時刻に北陸本線の到着列車があったかどうか聞いてみる。彼は小型の時刻表の「ページを二、三度ひっくりかえしていたが、『ありませんね。上野から来るのは十九時十二分で、京都から来るのは十八時六分です。あの時刻前後に着く列車はありません』」と答えている。

上野からの列車は、このあとで説明する急行「白山」、京都から来る18時06分の列車とは、1958年11月号では、ぴったり合う列車はないけれど、一番近いのは急行「立山」であろう。大阪駅始発の列車で、京都発は12時52分、金沢着17時56分なので、ほぼ5時間の行程である。現在なら、京都発16時10分の特急「サンダーバード31号」は、金沢到着が18時27分。2時間少々の所要時間とは飛躍的に進歩したものだ。

朝一番に金沢到着の列車は、「京都を二十三時五十分に発つ『日本海』で、金沢は五時五十六分です」。これは、時刻表の時刻も全く同じだ。急行「日本海」は、さらに丸1日日本海に沿って走り、夜の22時ジャストに終点青森駅に到着するダイヤだった。その後、「日本海」は特急に格上げ、ブルートレインとなり、青函トンネル開通後は、津軽海峡を越えて函館まで延長された。だが、乗客減に伴い青森行きに戻り、2012（平成24）年3月で定期運行を終了している。

禎子は一旦東京に戻り、夫の過去について調べる。次は、夫の兄の身に重大なことが起こったので、急遽金沢に向かう。「汽車は、あくる日の午後七時過ぎに金沢駅に着いた。十時間という長い旅である」。

これにあてはまる列車は、急行「白山」だ。上野駅を朝の9時10分に発車、高崎駅から信越本線に入り、碓氷《うすい》峠を越えて、長野駅には13時49分着。直江津駅からは北陸本線を進み、富山着17時55分、そして終点の金沢駅到着は19時09分だからぴったりである。

その後、北陸鉄道石川線の鶴来《つるぎ》駅付近で事件が起きる。今では、鶴来駅は金沢市内の野町駅から延びた路線の終点であるが、当時は、さらに南の加賀一の宮駅を経由して、白山下駅まで延びていた。また、鶴来駅は北陸鉄道のジャンクションで、北陸本線の寺井駅（現在は能美根上駅に改名）に向かう能美線が分かれていた。

不審な女性が、帰りは1人で「六時四十分発の寺井行きの電車」に乗っているのを見たという証言があったことが記されている。正確には、能美線の駅は新寺井駅といったが、1980（昭和55）年に全線が廃止となった。

その後、禎子は北陸鉄道石川線に乗っている。「白菊町から鶴来の町までは、電車で四十分ぐらいかかる」とあるように、当時の金沢市内の起点は野町駅ではなく、さらに市の中心部に近い白菊町駅だった。

現在、野町駅から鶴来駅までは30分少々かかるので、1駅短縮されたことを考えると、ほんのちょっとだけスピードアップされたようだ。

物語の大詰めで、「金沢から汽車に乗り、禎子は和倉温泉に向かった。……ほとんどの客が和倉温泉に向からうらしいのである。この線に乗るのも、禎子は三度目で

現在の金沢駅。もてなしドーム

あった」。

「見覚えのある羽咋の駅を過ぎると、千路《ちじ》、金丸《かねまる》、能登部と、小さな駅に次々と停まる。……ホームの雪の中で、助役がタブレットの輪を振って、動き出す汽車を見送っていた」。

一昔前のローカル線の情景がよく描かれている。

「汽車は和倉駅に着き、雪の積もったホームに乗客が待っていた」。和倉駅が和倉温泉駅と改名されたのは、1980（昭和55）年のことだった。

このあと、鉄道に関する描写は、もうない。物語は結末に向かって突き進んでいくのだが、敢えて触れないでおこう。

終章　自宅で妄想テツ旅のすすめ

過去の時刻表を使って妄想鉄道旅に出よう

コロナ禍では、鉄道旅もままならない。では、鉄道旅行の楽しみは断念しなくてはならないのだろうか。

また、コロナ禍が去っても、シニア世代にとっては年齢・体力的に鉄道旅行が難しくなることもあろう。そんなとき、別の楽しみ方があれば、心癒され、残りの人生も潤うのではないだろうか。では、どんな過ごし方があるだろうか。

旅の疑似体験、それよりも鉄道旅行の一つのジャンルとして、時刻表を読んで楽しむ「妄想鉄」がある。これは歴史ある楽しみ方で、第4章でも時刻表の楽しみ方を紹介したが、松本清張の代表作『点と線』にも出てくる。病弱な女性が、実際に旅に出かけられないから、時刻表を読みながら妄想を膨らませるというものだ。

普通の人にとっては、時刻表は「調べる」ものであって、「読む」とは言わない。しかし、達人になれば、一見、無味乾燥と思われる時刻表の数字の羅列が意味あるものとなり、それを「読む」ことにより、想像の翼を羽ばたかせて、どんなに遠い

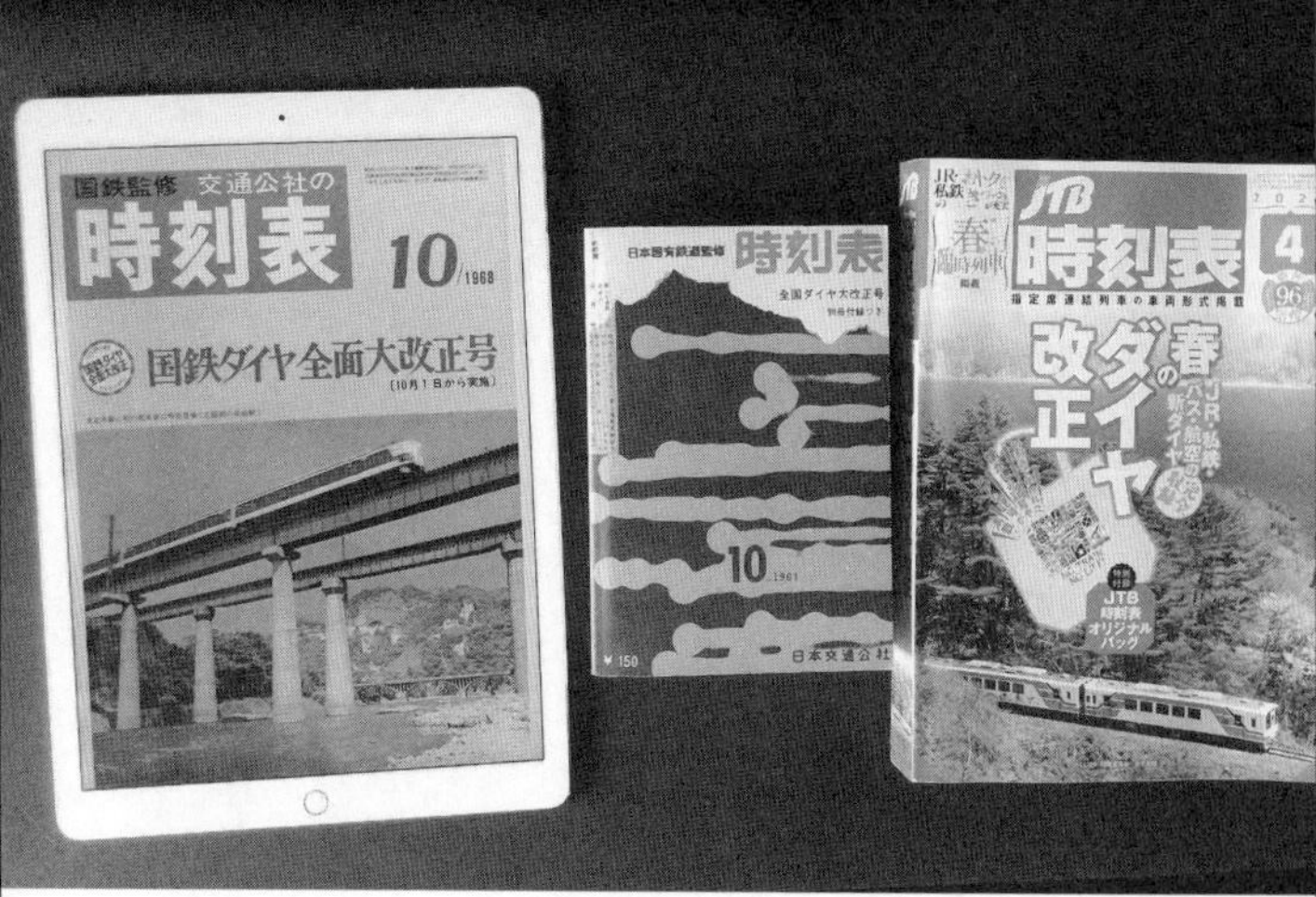

時刻表各種（左は電子版）

ところへでも出かけてしまうのだ。

今ある新しい時刻表でも、妄想旅行は可能だ。しかし、不自由な日々にあっては、逆に実際に行きたいというストレスと闘わなければならなくなる。そうであれば、いっそのこと過去にタイムスリップしてしまおう。いくら乗りたいと思っても、過去の列車に乗ることはできない。あくまでも、時刻表の数字を読み取りながら、追憶の旅路をたどるのだ。

幸い過去の時刻表は、意外に簡単に手に入る。復刻版は多数出版されているし、電子版は売り切れる心配もない。さらに、電子版なら厚手の時刻表の置き場所に困ることもなかろう。

東海道新幹線が開業した、昭和39（1964）

年10月の時刻表や、東北本線の全線電化複々線が完成して特急列車が増発された、昭和43（1968）年10月の、いわゆる「ヨンサントオ」の時刻表などを見ながら妄想鉄道旅に出かけてみよう。

たまたま私の手元に、「ヨンサントオ」の復刻版時刻表があるので開けてみる。この時刻表の表紙を飾っているのは、夜は寝台車、昼は座席車として高度成長時代の会社員の出張を支えた583系電車の雄姿だ。

当初は、新大阪発の九州方面への特急「月光」として一般に知られたので、「月光型」という愛称もあるけれど、この時刻表に写っているのは東北本線を走る「ゆうづる」「はくつる」あるいは「はつかり」であろう。

せっかくなので、上野駅から今はなき夜行列車で旅立つ。出発は21時55分の寝台特急「はくつる」。列車番号5Mと電車を表すMが付いているので、機関車牽引の客車列車（ブルートレイン）ではなく583系電車だ。夜を徹して走り、宇都宮、郡山、福島、仙台、盛岡、尻内《しりうち》と停車していく。尻内というのは現在の八戸駅で、1971（昭和46）年4月に改名された。こうした駅名の変遷も時刻表から読み取

函館港で保存中の青函連絡船「摩周丸」

ることができる。

　青森駅に到着するのは、朝の7時05分。所要時間9時間10分は、当時としては画期的だった。何しろ、同じ時期のブルートレイン（客車列車）「ゆうづる2号」でも10時間以上かかっているのだ。現在は東北新幹線「はやぶさ」でおよそ3時間。寝台列車が不要になるはずだ。

　青森駅に到着すると、急いで青函連絡船に乗船。7時25分の出帆で、3時間50分かけて津軽海峡を横断すれば、11時15分には函館駅に到着だ。

　函館駅からは、11時35分発のディーゼル特急「おおとり」5Dに乗り継ぐ。車両こそ代わったものの、長万部駅から室蘭本線に入り千歳線

昭和43年頃に活躍したディーゼル特急の車両（キハ82＋キシ80）

経由で札幌を目指すのは同じだ。もっとも、停車駅は少ない。

現在の特急は、函館を出ると、五稜郭、新函館北斗、大沼公園、森と実にこまめに停車していくが、「おおとり」が最初に停まったのは何と洞爺駅であった。実に2時間2分もノンストップなのだ。後続の急行「宗谷」でさえ、大沼公園、長万部にしか停まらないのだから、現在の特急は当時の準急並みの停まり方だろう。

厳選された駅にしか停車しない、「特別」急行列車の貫禄充分だ。それでいて札幌到着は15時55分。所要時間4時間20分と現在の停車駅の多い特急「北斗11号」の3時間49分よりも30分多くかかるのだ。車両の性能向上のおかげだろう。

「おおとり」は札幌駅が終着ではない。5分停車の後、進行方向が逆になり、函館本線を北上し、岩見沢、滝川と停車していく。

12両編成で走ってきた「おおとり」は、滝川駅で二手に分かれる。1号車から5号車までの5両は網走行き、6号車から12号車までの7両は釧路行きとなる。釧路行きの8号車は食堂車、長時間乗るのなら食堂車が連結されている釧路行きに惹かれる。ちなみに座席はすべて指定席、2号車と7号車は1等車（現在のグリーン車）だ。

網走行きが先に発車し、釧路行きは6分停車後の17時13分に滝川駅を後にする。その後は、ひたすら根室本線を進む。相変わらず停車駅は厳選されていて、富良野、帯広、池田にのみ停車。釧路駅到着は22時ちょうどだ。函館駅から10時間25分もの長旅。上野駅からは24時間5分と丸1日費やしての大旅行となったのである。

このように、当時の時刻表を繰りながら北の果てでも南の果てでも自在に鉄道で旅行できるのは、妄想旅行ならではであろう。

今は、廃止になった列車もあるし廃線も数多い。細かいところまで読み込んでいくと、あっという間に半日や1日は過ぎてしまいそうだ。

鉄道模型は高価で奥が深い

時刻表の旅の次は、鉄道模型で遊んでみよう。鉄道模型は欧米ではキング・オブ・ホビーともいわれる大人の趣味である。

決して、こどものおもちゃではないのだ。それは、模型車両の価格を見てもわかるだろう。初心者向きのNゲージならともかく、線路幅16・5ミリのHOゲージは機関車なら数万円はする（高級品なら10万円どころか40~50万円はざら）。何も知らずに、孫に買ってあげようかなどと言ってはならない。

よく、鉄道に関する趣味は、「鉄」の字を分解するとわかるように「金」を「失」う趣味だと言われるけれど、それは鉄道模型にはよくあてはまる。安易にのめりこまない方が無難かもしれないけれど、コロナ禍で外出がままならないシニア世代にもなると、在宅で楽しんでいる人は少なくない。

車両のサイズは多々あり、世界最小のZゲージもあって場所を取らないのはメリットではあるけれど、老眼の心配を考えると、ほどほどのサイズが適しているだろう。

Nゲージでも小さいので、個人的にはHOゲージがおススメだ。もっとも、日本型はスケール的に優れている半面、急カーブが切れず、したがって広いスペースが必要となる。その点、ドイツ・メルクリン社の製品は、Nゲージ並みの急カーブを

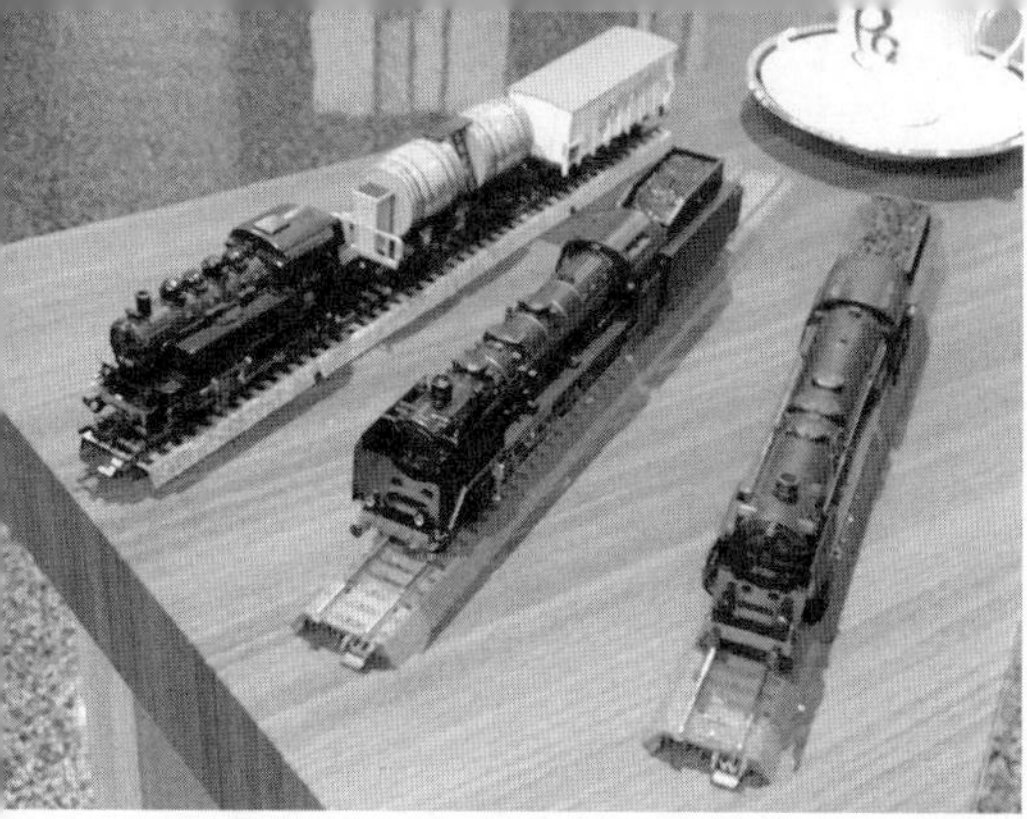
ドイツ・メルクリン社の鉄道模型

メルクリン社の鉄道模型の貨車数種類

大型蒸気機関車が無造作に通過する。高価ではあるけれど、精密な国産の高級品に比べれば驚くような値段ではない。

通販を利用して、ドイツから直接取り寄せると国内販売価格の半額以下で購入できる、ということは知っておいて損はないだろう。

鉄道模型の楽しみ方には、既製品を走らせるほかに、車両をコツコツと自作する趣味もある。さらに、車両のみならず、レイアウトといって線路を敷くだけではなく、駅前の街づくりなどジオラマ製作も一大流派だ。

できるだけ本物に近づけるために、車両はもとより、建物についても実物を観察してリアルさを追求するなど、深みにはまると抜け出せなくなる。自室にこもるのは、コロナ禍のご時世、安心ではあるが、現実世界から逃避しすぎると、それはそれで病的になる恐れもあるので、ほどほどに楽しむのがよいだろう。

様々な鉄道コレクション

鉄道趣味の一つに「収集」というジャンルがある。鉄道模型や時刻表も収集の対象であるし、きっぷも対象だ。きっぷについてはこのあとで詳述するので、それ以外のものについて述べておこう。

鉄道に関するものなら、何でも収集したくなる人は多い。最近では、旅の記念として様々なものを売っていて、鉄道ファンを誘惑している。

たとえば、観光列車では乗車記念の品を各種取り揃えて、アテンダントさんが車内の売店で購入させようと勧めてくる。車両のイラストや列車のロゴをあしらった記念バッジ、カップ、タオル、コースター、お皿、クリアファイル、缶入りのお菓子、チョロQなどなど思いつくものは大抵揃う。すべて付き合って購入していたら、キリがなくなる。それでも、気に入ったロゴやイラストのものがあればついつい買ってしまうのだ。単価は安くても、あれもこれも購入してしまうと会計のときに驚いてしまう。

一度買ってしまうと、捨てるのはもちろんのこと、知人にプレゼントするのも惜しくなる。知らず知らずのうちに、部屋の押し入れや箱の中は鉄道グッズでぎっしり詰まることになるのだ。

かさばるものはご法度と決め、紙のようなものなら保管場所に困ることはないと高をくくっていると、これはこれで大変なことになる。

掛け紙といわれる駅弁の包装紙も、数が増えれば保管場所に苦労する。ファイルに収めておけば簡単なような気もするが、なかには特大サイズのものがあるし、折ると困るもの、素材が特殊で保管に注意を要するものなど様々だ。ファイルだって2冊目、3冊目といつの間にか増えていくものだ。

もっとも、ときどきファイルを取り出して整理かたがた眺めていると、それをきっかけに過去の旅行を思い出したりして、懐かしくも楽しい時間を過ごすこともできる。掛け紙だけではなく、何となく取っておいた観光パンフレットやチラシ、名所旧跡の入場券の半券など、何年も経って振り返ると貴重なものとなる。こうしたものは、金銭的価値はあまりないだろうが、自分の旅の思い出としてはかけがえのないものだ。

保管場所に困ったり、印刷状態が悪くて字が読めなくなることもある。最近ではデジタル保存して、実物は処分してしまうのも一案かもしれない。

記録を残し集めたくなる「きっぷ」の魅力

きっぷは、かつては改札口での回収が原則であり、持ち帰ることはまずできなかった。しかし近年では、申し出れば一部の例外を除いて記念に持ち帰ることが許さ

札沼線非電化区間廃止の記念入場券セット

れる。なかには、乗車記念というイラスト入りの洒落たスタンプを押してくれる駅もある。収集家としては嬉しい。かくして記念きっぷのみならず、指定券や入場券が増えていく。

ＪＲ北海道のように、収集家を意識した記念の入場券をあちこちの駅で販売している鉄道もある。単価は１５０円から１６０円程度と安いので、ついつい買ってしまう。駅や周辺の観光地の写真入りだと、コレクションしてファイルに収めれば、後々見て楽しめるのがよい。ＪＲ北海道では、コレクション用のファイルまで用意してくれているので親切だ。一方、紙のきっぷは、都市部や新幹線を中心に急速になくなりつつある。スイカ（Ｓｕｉｃａ）、パスモ（ＰＡＳＭＯ）、イコカ（ＩＣＯ

幾寅駅に残された『鉄道員（ぽっぽや）』に登場した幌舞駅のセット

CA）といったICカードの普及、東海道新幹線のエクスプレス予約をはじめ、大手私鉄各社でも特急指定券はネット予約の上、スマホやタブレットの画面を見せて乗車するスタイルが主流になりつつあるのだ。

スクリーンショットで保存すれば記録は残るものの、コレクションとしては物足りない。いや、そう考えるのは時代遅れで、これからはデジタル保存がメインとなるのかもしれない。

いずれにせよ、どんな手段を用いてでも記録を残し集めたくなるのが鉄道ファンの性《さが》なのである。

読みテツのすすめ

『鉄道員（ぽっぽや）』で使われたディーゼルカー

このほかの自宅での楽しみ方としては、映画と読書がある。まずは、鉄道に関する映像としては、各種の記録映像や前面展望ビデオなど無数にある。自分で撮影したものを編集するのも楽しいけれど、市販のものを購入して楽しむのもよい。あるいは、テレビ番組を録画して、ときどき鑑賞するのも充実した時間が過ごせるであろう。

鉄道が登場する映画を鑑賞するのも興味深い。鉄道がメインの映画であれば、邦画では、『鉄道員（ぽっぽや）』『駅 STATION』といった高倉健主演のものがおススメだろう。

『鉄道員（ぽっぽや）』のロケ地に使われた根室本線幾寅《いくとら》駅は、２０１６（平成28）年夏の台風による災害のため不通になったままであるし、『駅 STATION』に登場した留萌本線増毛《ましけ》駅は2016（平成28）年末に廃止となってしまった。いずれも在りし日の貴重な記録でもある。

同じく高倉健が主演した『網走番外地』では、網走駅と表示された北浜駅や釧網本線を走るC58形蒸気機関車が随所に登場し、シニア世代の鉄道ファンなら懐かしさを感じるだろう。もう1作の『新幹線大爆破』は、当時の国鉄が協力を拒んだことで知られる。技術的にはおかしな個所があるけれど、物語としては面白い。

小松左京のベストセラー小説を映画化した『日本沈没』では、冒頭に東海道新幹線の0（ゼロ）系が登場する。最後のシーンでは、アメリカの鉄道が出てきて興味をそそる。

50作ほど製作された『男はつらいよ』シリーズは、鉄道好きの山田洋次監督の手になるだけあって、随所に列車が出てくる。とくに初期の作品の時代は、まだ蒸気機関車が現役であっただけに、その雄姿が堪能できる。第5作『男はつらいよ 望郷篇』は、親分の息子に会いに職場である小樽築港機関区を訪れ、息子が機関助士として乗務する貨物列車を追いかけるシーンが圧巻だ。

寅さんは、列車やバスで全国を旅しているので、ほかの作品でも、往年の国鉄の列車や今はなきローカル私鉄がいたるところに出現する。ストーリーはもちろんだが、脇役としての鉄道の果たす役割は見逃せない。

洋画でも、多くの列車が銀幕を飾っている。『オリエント急行殺人事件』は、私の知る限り1974年と2017年の2回映画化されている。

個人的には、フランスで動態保存されている蒸気機関車が牽引する列車を使った1974年版が好みだ。2017年版は、オリエント急行とはいうものの、いかにもハリウッドで製作したことがわかる、アメリカナイズされた車両が不満だ。もっとも、きらびやかな演出など見どころも多く、全体としてはよくできていると思う。

古い映画では、イタリア映画『鉄道員』は見逃せない。冒頭のローマ・テルミニ駅に急行列車が到着するシーンや、主人公の機関士が運転する展望ビデオのような情景など、古くてモノクロの画面にもかかわらず見とれてしまう。物哀しいテーマ音楽も魅力的だ。

イタリアの映画監督が手掛けた『カサンドラ・クロス』は、スイスのジュネーブ発の国際列車が病原菌汚染のため車両ごと隔離されるという、コロナ禍を先取りしたような内容だ。駅や走行中の列車シーンなど、1970年代のヨーロッパの鉄道風景が懐かしい。結末ははっきりとは書かないけれど、『新幹線大爆破』とは真逆のもので、国民性の違いなのだろうか。

こうした映画は、DVDで観ることができるし、ネットの動画サイトなどで意外に簡単に視聴可能だ。NHK-BSあたりでも連日名画の放映が行われているので、気が付いたときに録画し、時間があるときにじっくり鑑賞するとよいだろう。

また、『オリエント急行殺人事件』は、アガサ・クリスティーが書いた推理小説が原作である。映画化された小説は数多いので、映像で見た後に活字で楽しむのも面白い。映画と小説では違いが多々あるので、それを比べてみるのも楽しいだろう。

日本の小説では、西村京太郎が書いた数多くの鉄道ミステリーがある。北海道から九州まで、ほとんどすべての有名列車内で殺人事件が起こったのではないだろうか。彼の作品を読み解くときには、当時の時刻表を手元に置くことが必須であろう。

あとがき

『シニア鉄道旅のすすめ』に続く平凡社新書11冊目の著書『シニア鉄道旅の魅力――二人旅から妄想テツ旅まで』が完成した。

前作の続編と言ってもいいけれども、とくに前作を読んでいなければわからない内容ではない。この本だけで完結しているし、楽しむことも充分可能だ。とは言うものの、両方の本を読んでいただければ、補完し合ってより深く鉄道旅行の奥義を知ることができるのではないかと思う。

冒頭で取り上げたフルムーンパスの旅をしたのが、2020（令和2）年2月初旬。中国の武漢で新型コロナウィルスによる感染が拡大し始め、日本への飛び火が現実味を帯び出した頃だった。

幸い、何事もなく旅は終わったのだったが、その後の経緯は詳しく記すまでもなかろう。一つだけ言えることは、それ以後、ゆったりとした鉄道旅をすることができなくなったという事実だった。それゆえ、当初の発行予定は延期となり、逆に締め切り日時に追い立てられることなく、のんびりと執筆を進めることができた。さらに、新たな取材旅行は少なかったので、感染と隣り合わせになる危険もなく、もっぱら家に籠って資料を漁りながら書き続けた。

ただし、執筆期間が1年以上に及んだので、初期に書いた記事を校正時に読み返すと、訂正する個所が少なからず出てきた。コロナ禍の影響での減便による列車ダイヤの変更はもとより、2020(令和2)年7月に九州各地を襲った記録的な豪雨災害の影響で、肥薩線の運休が発生した。未だ復旧していないので書き直さざるを得なくなった。だが、企画自体がボツになることなく、ようやく1冊の書物として日の目を見ることになったのは嬉しい限りである。

なお、廃線跡紀行の第3章で、過去に雑誌掲載した原稿をもとに書き直した文章以外は、本書のために書き下ろしたものばかりである。

まだまだ予断を許さないけれど、長びくコロナ禍のため気ままな鉄道旅行ができなかった鬱憤を晴らすように、これから各地に出かけようとしている人々は多数存在する模様だ。

そうした旅の需要に応えられるようなヒントを、本書が与えることができればと思う。一方、今なお旅に出かけるのを躊躇する人には、机上での楽しみを提供できる書物としても、お役に立てることができれば幸いである。

今回も、前作同様、平凡社新書編集部の和田康成氏に何から何までお世話になった。末筆ながら厚く御礼申し上げる次第である。

２０２１年盛夏

野田 隆

【著者】
野田隆（のだ たかし）
1952年名古屋市生まれ。早稲田大学大学院修了（国際法）。都立高校に勤務のかたわら、ヨーロッパや日本の鉄道旅行を中心とした著作を発表、2010年に退職後は、フリーとして活動。日本旅行作家協会理事。おもな著書に『にっぽん鉄道100景』『テツはこんな旅をしている』『シニア鉄道旅のすすめ』（以上、平凡社新書）、『テツ道のすゝめ』（中日新聞社）、『ニッポンの「ざんねん」な鉄道』（光文社知恵の森文庫）、『テツに学ぶ楽しい鉄道旅入門』（ポプラ新書）などがある。

平　凡　社　新　書　９　８　９

シニア鉄道旅の魅力
二人旅から妄想テツ旅まで

発行日——2021年10月15日　初版第１刷

著者————野田隆
発行者———下中美都
発行所———株式会社平凡社
東京都千代田区神田神保町3-29　〒101-0051
電話　東京（03）3230-6580［編集］
東京（03）3230-6573［営業］
振替　00180-0-29639
印刷・製本—株式会社東京印書館
装幀————菊地信義

ISBN978-4-582-85989-8
NDC 分類番号686　新書判（17.2cm）　総ページ256
平凡社ホームページ　https://www.heibonsha.co.jp/